Hans Giffhorn
Ibiza - ein unbekanntes Naturparadies
In Zusammenarbeit mit Nestor Torres

1. RÄTSELHAFTES IBIZA – VON DER ENTSTEHUNG BIS ZUR GEGENWART DER PITYUSEN   S. 3
   Entstehung (S.4) Besiedlung und Geschichte (S.7) Baukunst und Kultur (S.10) Ibiza heute: Probleme und Chancen (S.13)

2. SELTENE WILDBLUMEN – EINE HERAUSFORDERUNG FÜR ENTDECKER   S. 15

3. LANDSCHAFTEN UND LEBENSRÄUME   S. 22
   Die Felsküsten (S.23) Die Sandstrände (S.26) Die Wälder (S.27) Die Garigue (S.28)
   Kulturland–Brache–Blumenwiesen (S.31)

4. DIE NATUR IBIZAS IM WANDEL DER JAHRESZEITEN   S. 34
   Der Winter – Dezember bis Februar (S.34) Der Frühling – März bis Mai (S.35)
   Der Sommer – Juni bis August (S.43) Der Herbst – September bis November (S.45)

5. DIE TIERWELT IBIZAS UND FORMENTERAS   S. 47
   Die Säugetiere: z.B. Ginsterkatzen und Gartenschläfer (S.48) Die Vögel: z.B. Wiedehopfe und Flamingos (S.48)
   Die Reptilien und Amphibien: z.B. Eidechsen und Geckos (S.52) Die Insekten: z.B. Nashornkäfer
   und Erdbeerbaumfalter (S.53) Die Unterwasserwelt: z.B. Seeanemonen, Meerpfauen und Zackenbarsche (S.55)

6. DIE ORCHIDEEN IBIZAS UND FORMENTERAS   S. 58

7. DIE SCHÖNSTEN WANDERUNGEN   S. 72

   Vorschläge für weiterführende Literatur   S. 77

   Register der Tier– und Pflanzennamen   S. 77

   Bildnachweis   S. 79

   Übersichtskarte für Wanderungen auf Ibiza und Formentera   S. 80

VORWORT

Ibiza – bekannt als Tummelplatz von Touristenscharen, Jet-Set, knackigen Mädchen und Halbwelt – hat sich nicht durch Zufall zu einem der beliebtesten Urlaubsziele entwickelt: Ibiza ist auch eine schöne Insel. Wir kennen keinen Platz, der auf so engem Raum und so mühelos erreichbar so viele unterschiedliche Reize bietet. Da ist natürlich die grandiose Altstadt, die punisch/römisch/arabische Vergangenheit, das abwechslungsreiche Angebot an Restaurants, Kneipen und Discos, die Vielzahl verschiedener Strände und Buchten, das oft noch klare Wasser – aber auch die Landschaft und die Natur. Fast jede Straßenbiegung bietet wieder neue Eindrücke, andere Landschaften und Vegetationsformen. Man sieht schroffe Felsen, sanfte Hügel, weite Ebenen, dichte Wälder, prächtige Blumenwiesen, karge Steppen, unberührt wirkende Urlandschaft und altes und neues Kulturland – und immer wieder zwischen den jahrhundertealten Terrassen, Feldern und Wäldern Gebiete mit einem stets wechselnden Gemisch aus blühenden Büschen, Kräutern, Gräsern, Blumen und Bäumen, die sich jeder Einordnung entziehen und die dazu von Monat zu Monat ihre Farben und ihren Charakter ändern. Jede Jahreszeit läßt Früchte reifen, Blumen verblühen, Gräser verdorren, bringt aber wieder andere Blüten und Kräuter hervor und bietet einer Fülle von hübschen Insekten und seltenen Vögeln Nahrung und Lebensraum.

Diese unerschöpfliche, stets neue und andere Schönheit der Natur gehört genauso zu Ibiza wie die Discos und die Strände – und ist (wie die Tourismusforschung zeigt) für immer mehr Besucher der Insel wichtiger.

Umsomehr erstaunt es, wie die Einheimischen, die Touristen und die Geschäftsleute, die an den Touristen verdienen, mit diesem empfindlichen, in Europa in vieler Hinsicht einmaligen Schatz umgehen. An vielen schönen Ecken werden nicht nur Hotels und Ferienhaussiedlungen, auch Supermärkte und Lagerhallen für Motorbootersatzteile aus dem Boden gestampft. Zwischen Bäumen und Sträuchern findet man immer wieder Bauschutt und Müll – weggeworfen von Einheimischen, Kneipiers und Touristen. Bauern ersetzen uralte Natursteinwälle durch Mauern aus Hohlblocksteinen. Die Verwaltung gestattet den Bau häßlicher Industrieanlagen – auch in der Nähe der Rastplätze seltener Vögel. Und das kostbare Grundwasser: Viele Bauern sprühen es in der Mittagshitze in die Luft – das meiste verdunstet gleich, nur ein Bruchteil wässert die Felder – und die Hoteliers leiten Millionen Kubikmeter einfach in das Meer. Die Brunnen versiegen, und das Land wird irgendwann verdorren.

Es entsteht der Eindruck, daß kaum jemand sieht, was hier kaputtgemacht wird. Einigen Menschen ist das egal – sie wollen nur ohne Rücksicht auf Verluste schnelles Geld machen – da würde eine veränderte Einstellung zur Natur kaum etwas bewirken. Aber all die anderen, die keinen Vorteil von Umweltzerstörung und -verschandelung haben, deren Wohlstand langfristig sogar davon abhängt, daß Ibiza schön und attraktiv bleibt – sie sehen es offenbar wirklich nicht. Sonst würden sie selbst mehr für Ibizas Schönheit tun. Sie würden weniger nachlässig mit der Umwelt umgehen. Und sie würden Geschäftsleute und Politiker unter Druck setzen – so daß diese gezwungen sind, mit ihrer Macht verantwortungsvoll umzugehen und sie nicht nur zum Gewinne machen, sondern auch zum Schutz der Natur auszuüben.

Aber: wie lernt man, die Schönheiten der Natur zu sehen?

Ein Patentrezept wissen wir nicht. Wir haben irgendwann einmal angefangen, ein wenig darauf zu achten, was herumfliegt und herumkrabbelt und was am Wegesrand so blüht – die meisten der in diesem Buch abgebildeten Pflanzen haben wir nur wenige Meter von Straßen und Spazierwegen entfernt gefunden. Und je mehr wir auf die Tiere und besonders die Blumen in Ibizas Landschaft achteten, desto intensiver empfanden wir den Reiz und die Schönheit von Ibizas Natur und desto wichtiger wurde uns ihr Schutz. Dieses Buch soll dazu beitragen, daß mehr Leute erleben, welche Kostbarkeiten unsere Insel bietet. Vielleicht sind sie dann auch nicht mehr bereit, zuzulassen, daß diese Kostbarkeiten achtlos gefährdet werden.

Ein Teil des Autorenhonorars aus diesem Buch wird den auf Ibiza arbeitenden Naturschutzorganisationen GEN und „Friends of the Earth" zur Verfügung gestellt.

Aus dem klaren Wasser des Mittelmeeres ragen die Reste eines alten Gebirges: Ibiza

1. RÄTSELHAFTES IBIZA – VON DER ENTSTEHUNG BIS ZUR GEGENWART DER PITYUSEN

Knapp 100 km östlich vom spanischen Festland und etwa 220 Kilometer nördlich der afrikanischen Küste ragen die sanften Hügel, steilen Klippen und weiten Strände der Inseln Ibiza und Formentera aus dem Mittelmeer. Die alten Griechen tauften sie „Pityusen" – die Pinienreichen. Die Pityusen gehören zur spanischen Provinz der Balearen (mit der Provinzhauptstadt Palma de Mallorca). Ibiza ist nicht sehr groß – 541 km², ca. 40 Kilometer lang und 20 Kilometer breit. Die Fläche der Nachbarinsel Formentera umfaßt 82km². Ca. 55.000 Menschen leben auf den Inseln – im Laufe des Jahres kommen dazu mehr als 1 Million Touristen.

Die erstaunliche Attraktivität und Faszination Ibizas, die für so viele Menschen seit vielen Jahrzehnten anhält – manche Reiseführer und Ibiza-Fans sprechen von „Magie" – hängt mit einer Reihe von anderen überraschenden, rätselhaften, widersprüchlichen Eigenschaften der Insel zusammen.

Dem Besucher Ibizas fällt z.B. die eigentümliche Bauweise der ibizenkischen Häuser auf. Sie bezaubern Architekten und Laien, und sie erinnern mehr als die Gebäude jeder anderen europäischen Landschaft an uralte orientalische Kulturen. Die Einwohner Ibizas sprechen jedoch Ibicenco – einen Dialekt des nordspanisch-südfranzösischen Katalanisch.

Erstaunlich ist auch die Tatsache, daß trotz der Touristenmassen, die sich in San Antonio, Sta. Eulalia, Ibiza-Stadt und den verschiedenen Hotelghettos an den Küsten drängen, das Inselinnere merkwürdig urwüchsig und friedlich wirkt. Landwirtschaft wird teilweise noch wie vor Jahrhunderten betrieben, und weite Gebiete – oft direkt neben den Urlauberzentren und Hauptverbindungsstraßen – beeindrucken durch wilde, vielfältige Natur. Was Walter Benjamin 1932 an einen Freund über Ibiza schrieb, gilt zum Teil noch heute: „Diese Landschaft..., die unberührteste, die ich jemals gefunden habe."

Im Vergleich zu anderen Mittelmeerinseln ist die Flora und Fauna ausgerechnet der berühmten Ferieninsel Ibiza bisher kaum erforscht. Wir haben in den letzten Jahren z.B. mehrere Orchideenarten gefunden, von deren Existenz auf der Insel die botanische Fachliteratur noch nichts wußte – und es gibt sicherlich noch einiges zu entdecken.

Zur Faszination der Pityusen trägt nicht zuletzt die besondere Mentalität der Einheimischen bei. Mitten im dichtesten Trubel – zwischen all den exzentrischen Selbstdarstellern, die den Ruf Ibizas als Jet-Set-Treffpunkt und „verrückte Insel" begründen – sieht man noch heute immer wieder alte Bauersfrauen in ihrer traditionellen Tracht – dunkelgrauer langer Rock, schwarzes Tuch, Haare zu einem langen Zopf geflochten. Sie erledigen ihre Einkäufe und schwatzen mit ihren Freundinnen, so als ginge sie das ganze Treiben nicht das geringste an. Typisch für Ibiza ist die gelassene Toleranz oder besser Gleichgültigkeit der im Grunde sehr konservativen, in Spanien als etwas rückständig geltenden Bevölkerung gegenüber den extremen Veränderungen, die in den letzten Jahrzehnten über ihre Heimat hereingebrochen sind.

Mit derselben Gleichgültigkeit nehmen es die Ibicencos aber auch hin, daß die Tourismusindustrie mit wachsendem Tempo – vor allem durch Bautätigkeit – die Naturschönheiten der Pityusen beeinträchtigt und teilweise zerstört. Das ist umso erstaunlicher,
– da Ibiza heute fast ausschließlich vom Tourismus lebt und so die Existenzgrundlage für die Zukunft gefährdet wird,
– da die Touristenzahlen ohnehin zurückgehen,
– und da alle Verantwortlichen nicht müde werden, die Notwendigkeit eines sofortigen umfassenden Baustops zu betonen.

All diese Eigentümlichkeiten und Widersprüchlichkeiten haben natürlich Ursachen. In den folgenden Kapiteln werden wir versuchen, durch einen historischen Rückblick die gegenwärtige Situation Ibizas verständlich zu machen.

Zur gegenwärtigen Situation gehören auch die zwar gefährdeten, aber noch reichlich vorhandenen Naturschönheiten der Inseln. Die unerschöpfliche und für eine so kleine, weit vom

"Diese Landschaft..., die unberührteste, die ich jemals gefunden habe" (Walter Benjamin)

Bis vor kurzem wußte niemand, daß solche Orchideen auf Ibiza wachsen — z.B. *Orchis italica* (links) und *Barlia robertiana*

Festland entfernte Insel erstaunliche Vielfalt der Vegetation und der Landschaften überrascht. Es gibt ca. 1000 verschiedene Wildpflanzen auf Ibiza. Zum Vergleich: ganz Deutschland beherbergt noch nicht einmal das Dreifache an Pflanzenarten, ist aber 676mal so groß. Manche Arten Ibizas kennen wir aus Mitteleuropa, andere gibt es sonst nur in einigen Gebirgszügen Nordafrikas und Südostspaniens, wieder andere Blumen wachsen ausschließlich auf Ibiza und nirgendwo sonst auf der Erde. Alles das läßt sich erklären – zum Teil durch die speziellen Formen menschlicher Einwirkung, zum Teil durch geologische Besonderheiten.

ENTSTEHUNG

Auf vielen Bergen und an einigen Steilküsten Ibizas gibt es eine Fülle von Versteinerungen – z.B. Ammoniten und Belemniten (Donnerkeile), die zu ihren Lebzeiten vor über hundert Millionen Jahren durch tropische Meere schwammen (Fossilien kann man u.a. auf den *Wanderungen 2, 4, 5, 7, 8, 11* und *15* finden). Die Naturgeschichte Ibizas beginnt also nicht erst vor 15 Millionen Jahren, als die Inseln zum letzten Mal aus dem Meer auftauchten, sondern sehr viel früher: vor ca. 223 Millionen Jahren. So alt nämlich sind die ältesten Gesteine Ibizas.

Vor 223 Millionen Jahren (dem Beginn der mittleren Trias-Periode) bedeckte ein großes Meer das heutige Gebiet der Balearen, das sogenannte Mesogeische Meer oder die „Thetys" – erheblich größer als das heutige Mittelmeer. Nördlich davon gab es ein altes Gebirge, das „Katalanische Massiv", das Wind und Wasser allmählich abtrugen. Die dabei freiwerdenden Gesteinsmassen, Mineralien, Schlicke usw. wurden ins Meer gespült und geweht, sanken auf den Meeresgrund und bildeten so – gemeinsam mit den Resten von Meerestieren – die Gesteine, aus denen später die ältesten Gesteinsschichten Ibizas wurden.

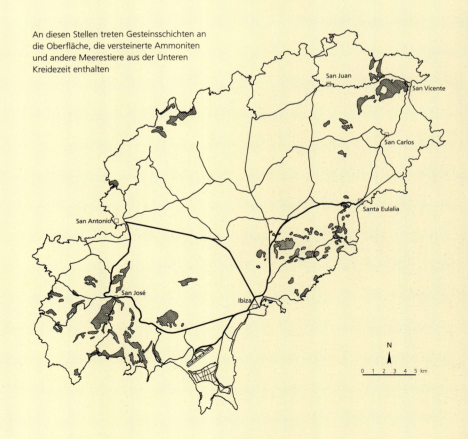

An diesen Stellen treten Gesteinsschichten an die Oberfläche, die versteinerte Ammoniten und andere Meerestiere aus der Unteren Kreidezeit enthalten

Meeresgrund - aufgefaltet und abgebrochen: 230 Millionen Jahre alte Gesteinsschichten auf der Insel Tagomago vor der Nordostküste Ibizas

Als sich die Kontinentalplatten Afrikas und Eurasiens aufeinander zubewegten, führte der Druck in der Erdkruste dazu, daß diese Gesteinsschichten sich falteten. Das war vor etwa 65 Millionen Jahren. So entstand ein Gebirgszug, der sich von der südspanischen Atlantikküste bis zum zum heutigen Mallorca erstreckte: die Betische Kordillere. Ein Teil davon ist Ibiza. Weitere Bewegungen in der Erdkruste bewirkten immer wieder neue Faltungen, Überschiebungen und Einbrüche, Felskanten brachen ab und versanken wieder im Meer, während andere Teile stehenblieben und schroff aufragten. Besonders an der felsigen Nordküste Ibizas und den vorgelagerten Inseln, wie der Isla Vedra und Tagomago, kann man das noch heute gut sehen.

Ibiza war im Lauf seiner Geschichte manchmal Teil hoher Gebirge (und in dieser Zeit der Verwitterung ausgesetzt), dann versank es wieder. Jedesmal, wenn die Inseln wieder vom Meer bedeckt waren, wurde natürlich alles Landleben vernichtet. Vor 15 Millionen Jahren – in der Tertiär-Zeit – tauchten in einer neuen Faltungsphase die Pityusen zum letzten Mal auf. Damit begann die Geschichte des Lebens, das wir jetzt auf den Inseln vorfinden. Winde, Insekten und Vögel brachten eine Vielzahl von Samen vom europäischen und afrikanischen Festland und von den Nachbarinseln auf die Pityusen. Reptilien, Lurche und evtl. kleine Säugetiere wurden auf Treibholz angeschwemmt. Die Tiere und Pflanzen suchten sich in den verschiedenen Höhenzonen und vielfältigen Landschaftsformen passende Lebensräume, breiteten sich aus oder wurden von Neuankömmlingen verdrängt.

Im Zuge der neueren Auffaltungen wurden die Verbindungen des Mittelmeers zum Indischen Ozean und später auch zum Atlantik unterbrochen: das Mittelmeer trocknete allmählich aus. Vor etwa 6 Millionen Jahren waren Ibiza und Formentera zusammen ein Gebirge, das 4000 m aus einer weiten Wüste von Salzablagerungen und Salzsümpfen (dem ehemaligen Meeresboden) aufragte. In dieser Zeit gab es also Landverbindungen nach Afrika und Europa. Es ist heute nicht mehr nachzuweisen, welche Tiere und Pflanzen schon damals auf dem Landwege Ibiza erreichten. Aber nachgewiesen wurde, daß sich damals die Höhenstufung der Vegetationszonen verschob, so daß sich auf Ibiza auch Hochgebirgsflora ansiedeln konnte. Dann – vor etwa 5 Millionen Jahren – brach der natürliche Damm bei Gibraltar, der bisher die Wassermassen des Atlantik vom ausgetrockneten Mittelmeerbecken getrennt hatte. Mit einer jährlichen Wassermenge, die dem Tausendfachen der Niagara-Fälle entsprach, ergoß sich das Wasser ins Mittelmeer. Trotzdem waren immerhin ca. 100 Jahre nötig, bis das Mittelmeer in seiner heutigen Form entstanden war.

Von diesem Zeitpunkt an waren die Pityusen endgültig vom Festland isolierte Inseln, die begannen, ihre eigene Flora und Fauna zu entwickeln.

65 bis 195 Millionen Jahre alte Ablagerungen an der Nordwestküste Ibizas hinter Sta. Inès (Wanderung 7)

Viele Orchideen mögen ehemaligen Meeresgrund — z.B. die Spiegelragwurz oder die Wespenragwurz — ... oder die Bienenragwurz

Allerdings haben sich die Erscheinungsformen Ibizas und Formenteras seitdem sehr geändert. Vor etwa 2 Millionen Jahre begann nämlich die Quartär-Zeit mit ihren Eiszeiten und Zwischeneiszeiten. Zwar gab es niemals Gletscher im Mittelmeergebiet, aber die Klimaschwankungen hatten dennoch weitreichende Folgen. Warme und kalte, extrem trockene und sehr regenreiche Perioden wechselten einander ab. Die Höhe des Meeresspiegels schwankte um mehrere 100 m. Manchmal waren Ibiza und Formentera und die vorgelagerten Inseln zu einer großen Insel verbunden, manchmal waren weite Gebiete der Inseln überflutet. Die zeitweilig sintflutartigen Regenfälle trugen die höheren Berge ab, rundeten die Hügel, gruben tiefe Schluchten, formten die Betten felsiger Gebirgsbäche, bildeten mächtige Flüsse und ausgedehnte Binnenseen und füllten die Täler mit Erd- und Geröllablagerungen. All das formte die Pityusen so, wie wir sie heute kennen.

Das flache, fruchtbare Tal zwischen San Lorenzo und Sta. Eulalia entstand in dieser Zeit – damals war es von einem breiten Strom ausgefüllt. Die ebenfalls sehr fruchtbaren Hochebenen von Sta. Inès (*Wanderung 7*) und San Mateo (*Wanderung 8*), die jetzt vor allem zum Mandelanbau genutzt werden, waren früher Hochtäler – gefüllt mit Binnenseen ohne Abfluß. An ihrem Grund lagerte sich das von den umliegenden Bergen abgetragene Gestein ab. Die ehemals grauen Felsen wurden zu Erde zerrieben und färbten sich durch das in ihnen enthaltene Eisen rot: die berühmte rote Erde Ibizas entstand. Auch die Schluchten, tief eingeschnittenen Meeresbuchten, Geröllfelder und ausgetrockneten Bachbetten, denen wir überall in den bergigen Regionen Ibizas begegnen, sind ein Ergebnis der regenreichen Vergangenheit der Pityusen.

Die Bewegungen der Erdkruste sind bis heute noch nicht abgeschlossen: manche Gebiete, wie La Mola auf Formentera und der Nordwesten Ibizas, hoben sich und stiegen zum Teil 100 m aus dem Meer. An anderen Stellen wurde der sandige Meeresboden angehoben oder durch den sinkenden Meeresspiegel freigelegt, Sandbänke entwickelten sich zu einem Teil der Hauptinsel, und der Wind türmte Dünen auf – so im Süden Ibizas und im Westteil Formenteras. Gleichzeitig nagte die Meeresbrandung an Felsenküsten und vertiefte die Buchten.

Ibizas rote Erde mit Mandelbäumen – vor vielen Jahrtausenden war hier noch ein riesiger Binnensee

Die Vielfalt der Landschaft und der Vegetation der Inseln ist nicht zuletzt auf die bewegte geologische Geschichte Ibizas und Formenteras zurückzuführen. Viele Naturerlebnisse verdanken wir auch der Tatsache, daß die Pityusen ganz aus Sedimentgesteinen bestehen (Ibiza aus Ablagerungen der Sekundär-, Tertiär- und Quartärzeit, Formentera nur aus Gesteinen der späten Tertiär- und Quartärzeit). Fast alle im Meer entstandenen Sedimentgesteine sind nämlich sehr kalkreich (wegen ihres Gehaltes an Schalen und Krusten von Meerestieren) – und besonders viele reizvolle Pflanzen (z.B. die meisten Orchideen Europas) bevorzugen Kalkboden.

In den unterschiedlichen geologischen Epochen fanden Tiere und besonders Pflanzen mit extrem unterschiedlichen Ansprüchen an die Umgebung Lebensräume auf Ibiza. Ein Klimawechsel führte längst nicht immer zum Aussterben älterer Pflanzenarten – sie suchten sich nur andere Standorte und machten neuen Lebensformen Platz. U.a. damit ist es zu erklären, daß so kleine isolierte Inseln wie die Pityusen einer solchen Fülle verschiedenartigster Wildblumen eine Heimat bieten konnten.

Gennaria diphylla - ein lebendes Fossil. Diese Orchidee blühte schon vor vielen Millionen Jahren in den Bergwäldern der Tertiärzeit.

BESIEDLUNG UND GESCHICHTE

Vor etwa 8000 Jahren kamen die ersten Menschen auf die Balearen. Es waren Steinzeitmenschen, die vermutlich vom Golf von Lyon aus die Inseln besiedelten. Auf Formentera kann man noch heute einige Monumente ihrer Kultur bewundern – das besterhaltene ist ein 1974 entdecktes und 1978 freigelegtes großes Megalithgrab, das wohl vor etwa 4000 Jahren gebaut wurde (Ca Na Costa – einige Kilometer nordwestlich von Es Pujols – *Wanderung 17*). Man fand auch Skelette, Felszeichnungen und Bronzewerkzeuge und -waffen auf den Pityusen. In Ibiza gibt es weniger Zeugnisse der alten Zeiten als im fast menschenleeren Formentera – die relativ dichte Besiedelung in den letzten 2 1/2 Jahrtausenden hat viele Spuren verwischt. Jedoch entdeckte man auch in Ibiza 1978 ein Steinzeitmonument (Can Sargent – zwischen Küste und Flughafen), und 1988 stießen in den Bergen oberhalb von Cala Llonga (*Wanderung 15*) Bauarbeiter auf ein prähistorisches Gräberfeld, dessen wissenschaftliche Auswertung noch im Gange ist. Mit weiteren überraschenden Entdeckungen auf unseren Inseln ist zu rechnen!

Wahrscheinlich waren die Pityusen bis vor 2.700 Jahren recht dünn besiedelt – mit nur geringen Auswirkungen auf die Pflanzen- und Tierwelt. Das änderte sich schlagartig, als die Phönizier Ibiza kolonisierten und etwa 650 vor unserer Zeitrechnung die Stadt Ibiza gründeten. Die Phönizier fanden – wie auch die ersten Menschen auf Ibiza – eine mit dichten Steineichen- und Pinienwäldern bedeckte Landschaft vor. In den folgenden Jahrhunderten wurden die Wälder größenteils abgeholzt: teilweise um Ackerfläche zu vergrößern, teilweise um Brennholz und Bauholz für Schiffe und Häuser zu gewinnen. Die bis dahin ein Schattendasein im wahrsten Sinne des Wortes führenden niedrigeren Gebüsche und viele Blütenpflanzen konnten sich mit der Macchia (einer dichten Buschlandschaft) und der noch kargeren Garigue (die durch die Erosion abgeholzter und abgeweideter Gebiete entstand) überall hin ausbreiten. Zugleich starben manche Tierarten aus, andere wurden neu auf den Inseln heimisch.

Über die faszinierende Geschichte Ibizas ist viel geschrieben worden. Hier nur ein paar Stichworte: Zur Zeit der Phönizier blühten Kultur und Wirtschaft der Insel. Man fand hier die meisten und am besten erhaltenen Zeugnisse des gesamten karthagischen Kulturbereichs (zu bewundern im größten punischen Museum der Welt: Museo Puig des Molins, Ibiza-Stadt, Via Romana, geöffnet 11.00 Uhr bis 13.30 Uhr und 16.00 Uhr bis 18.00 Uhr, im Sommer bis 19.00 Uhr). Die Salzgewinnungsanlagen im Süden Ibizas und im Norden Formenteras, die Salinen (*Wanderung 1, 2, 17*) und wohl auch die Bleiminen von San Carlos wurden von den Phöniziern gebaut. Später kamen die Griechen, dann – verstärkt nach ihrem Sieg über Karthargo 146 vor Christi – die Römer. Diese gründeten Portmany (Portus magnus – heute San Antonio), bauten u.a. die hübsche alte Brücke über den Rio Sta. Eulalia, die man rechts von der neuen Einfahrt nach Sta. Eulalia sehen kann, und sie hinterließen auf Formentera ein erst 1980 ausgegrabenes Kastell (*Wanderung 18*). Im Jahr 426 eroberten die Vandalen die Insel und hausten auf ihr ihr Name sagt bis 535. Sie wurden abgelöst von den Byzantinern, die ihren wirtschaftlichen Einfluß bis ins 11. Jahrhundert halten konnten.

Aber schon 711 eroberten das erste Mal die Araber die Pityusen. Karl der Große besiegte sie 787, 832 kamen die Mauren aus Westafrika. 859 gab es Kämpfe mit Wikingern, die aus

Von den Phöniziern begonnen und in den folgenden Jahrhunderten perfektioniert: Terrassierung durch Natursteinmauern (mit Meerzwiebel und Thymian)

Norwegen gekommen waren, aber erst 1235 wurden die Araber von der christlichen Reconquista entmachtet: die Katalanen eroberten Ibiza. Bis dahin wurde auf den Pityusen phönizisch und arabisch gesprochen. Jetzt führten die Katalanen ihre Sprache – das Catalan, das noch heute gesprochen wird – ein. Das Bild der Insel wurde jedoch nachhaltig durch die Araber und Mauren geprägt. Das zeigt sich nicht nur in einigen Ortsnamen und vielen arabischen Elementen des heutigen katalanischen Dialekts der Insel – Ibicenco. Die Araber betrieben auch eine intensive Landwirtschaft, bauten raffinierte, zum Teil noch in unserer Zeit benutzte Bewässerungsanlagen und terrassierten (wie schon die Phönizier vor ihnen) weite Gebiete mit Natursteinmauern. Noch heute begegnen wir überall – auch in den abgelegensten Bergen – jahrhunderte-, vielleicht jahrtausende-alten Terrassenmauern aus Naturstein.

Auch die Flora Ibizas wurde durch die Einwanderungswellen bereichert – nicht nur durch zufällig eingeführte Samen aus dem ganzen Mittelmeerraum, sondern auch durch verschiedene Kulturpflanzen, die heute die Landschaft prägen. Schon die Phönizier brachten u.a. den **Granatapfelbaum**, den **Ölbaum** und den **Johannisbrotbaum**. Den Arabern verdanken wir die großen Palmen aus Nordafrika (nur im nordwestlichen Küstenbereich Ibizas wächst noch die **Zwergpalme**, die einzige europäische Palmenart). Die Katalanen und die Spanier, die danach Ibiza beherrschten – unterbrochen von einer Phase italienischer Besatzung im Bürgerkrieg 1936 – importierten aus Amerika die mächtige **Agave** und den **Feigenkaktus**, die **Opuntie**, die den Bauern Ibizas seit Jahrhunderten an ihren Häusern als Wind- und Sichtschutz und als Toilette dient. Auch **Zitronen**, **Apfelsinen** und **Mandeln**, die heute die Stützpfeiler ibizenkischer Landwirtschaft ausmachen, sind eingeführt: sie stammen ursprünglich aus Asien.

Der Feigenkaktus wurde von den Spaniern aus Amerika importiert

Der Granatapfelbaum (von den Phöniziern eingeführt) blüht im Mai und Oktober

"Naturlandschaft" auf Ibiza: Johannisbrotbaum (vermutlich aus Westasien), Mandeln (aus Südwestasien) und der gelbe Nickende Sauerklee (aus Südafrika)

BAUKUNST UND KULTUR

Wer heute Ibiza erkundet, begegnet immer wieder einigen weiteren Zeugen der wilden Vergangenheit der Inseln. An vielen exponierten Küstenvorsprüngen Ibizas und Formenteras fallen eigenartige, große Türme auf: die Piratentürme oder „Atalayas" (z.B. Wanderung 1, 4 und 9). Sie wurden im 16. Jahrhundert – auch auf den höheren Bergen, so daß Sichtverbindung untereinander bestand – erbaut und dienten als Wacht- und Wehrtürme zum Schutz gegen Piraten. Tauchten feindliche Schiffe auf, wurde die Warnung von einem Turm zum anderen weitergegeben. Für Seeräuber aller Nationen waren die Pityusen jahrhundertelang ein beliebtes Angriffsziel – immer wieder verwüsteten und plünderten sie die Dörfer und drangsalierten die Bevölkerung. Oft boten dann die Kirchen die letzte Rettung. Die Ibicencos verließen sich dabei nicht nur auf ihren Glauben – sie bauten ihre Kirchen zu wuchtigen Festungen aus (allerdings zählten auch die Ibicencos selbst über lange Zeit zu den gefürchtetsten Piraten des westlichen Mittelmeers). Dem 16. Jahrhundert verdanken wir noch ein weiteres Baudenkmal: die noch heute unversehrten, gewaltigen Stadtmauern von Ibiza-Stadt.

Besonders auffällig und unverwechselbar ibizenkisch ist die Bauweise der Bauernhäuser. Es gab – im Gegensatz zu Mallorca oder Andalusien – nie Großgrundbesitz auf Ibiza. Schon in den phönizischen Zeiten wurde die Landwirtschaft dezentral betrieben. Daran hat sich bis heute nichts geändert. Die Ebenen und Hänge Ibizas sind gesprenkelt mit zerstreuten kleinen weißen Flecken – den Bauernhäusern (denen sich inzwischen im inseltypischen Stil gebaute Ferienhäuser zugesellt haben).

Der Baustil der ibizenkischen Häuser selbst ist einzigartig in Europa und hat schon viele Autoren zu begeisterten Berichten und gründlichen Untersuchungen veranlaßt. Deshalb können wir uns hier auf einige Aspekte beschränken: hervorstechendes Merkmal ist die schlichte Zweckmäßigkeit der Häuser, verbunden mit nach unserem Geschmack beeindruckender Harmonie und Schönheit. Die Bauformen (Kuben und Quader, die nach Bedarf um neue rechtwinklige Gebäudeteile erweitert wurden) haben ihren Ursprung in der Jungsteinzeit im vorderen Orient, waren im Altertum in Westasien und in Ägypten verbreitet und haben sich bis heute kaum verändert. Viele der ibizenkischen Bauernhäuser sind über 600 Jahre alt, aber noch heute wird meist in ähnlichem Stil gebaut. Dazu benötigten bis vor kurzem die Bauern keine Entwürfe und Spezialisten – überliefertes Wissen reichte aus.

Nirgendwo sonst in Europa findet man diesen Baustil in so reiner Form – ein Beleg für die jahrhundertelange Isolierung der ibizenkischen Kultur (Formentera, das nach langer Pause 1697 neu besiedelt wurde, hat z.B. den Baustil Ibizas nicht bewahren können).

Auch die Kultur Ibizas konserviert noch heute eine Reihe von uralten Elementen aus ihrer Geschichte, die in anderen Gebieten rund ums Mittelmeer schon längst verschwunden sind. So ist die für unsere Ohren eigenartige Volksmusik als ein Gemisch katalanischer, phönizischer und arabischer Elemente zu verstehen. (Im Sommer kann man sich jeden Donnerstag in San Miguel an traditioneller Volksmusik, an Trachten und Volkstänzen erfreuen. Wer nähere Informationen – auch zu anderen Folkloreveranstaltungen – wünscht, wende sich an die Reisebüros auf Ibiza.)

Die relative Fremdartigkeit der Kultur Ibizas wird dem Touristen auch deutlich, wenn er die düstere Karfreitags-Prozession in Ibiza-Stadt oder die kleinen Friedhöfe an den alten Landkirchen betrachtet.

Man könnte ein Buch darüber schreiben, was hinter den dicken Mauern der abgelegenen Fincas (das sind die Anwesen der Bauern) mit den vielen hundert Kräutern, die Ibizas Natur bereitstellt, geschieht: Da werden nicht nur Speisen gewürzt und die einheimischen Kräuterliköre Frigola und Hierbas angesetzt. Da brauen die alten Frauen auch nach überlieferten Rezepten Medizinen und Mittelchen für weiße und schwarze Magie. Leider dringt darüber nichts an die Öffentlichkeit.

Mehr Festung als Kirche: die Kirche von San Lorenzo

Piratenturm aus dem 16. Jahrhundert am Südostende des Salinas-Strandes (Wanderung 1)

Ibizas Stadtmauern sind seit dem 16. Jahrhundert unversehrt

Über die Insel verstreut: alte ibizenkische Bauernhäuser, nach Bedarf zusammengestellt aus Kuben

Seitdem die Bauern ihre Häuser nicht mehr vor Seeräubern tarnen müssen, sind die meisten Bauernhäuser weiß gekalkt - aber es gibt noch Ausnahmen

In der Natur begegnet man oft verlassenen uralten Fincas

Die Ruinen offenbaren die Bauweise. Immer dabei: ein Backofen. (Wanderung 14)

Alljährlich im Februar findet in Sta. Eulalia ein Volksfest statt

Nach der Arbeit: Alte Bäuerinnen vor ihrer Finca.

IBIZA HEUTE: PROBLEME UND CHANCEN

Die lange Isolation der Inseln hat nicht nur eine einzigartige archaische Architektur und Kultur und noch heute ausgeprägt konservative Einstellungen der Inselbevölkerung hervorgebracht. Auch die Landschaft und die Natur sind auf vielfältige Weise davon betroffen: so kommt z.B. Landwirtschaft oft noch ohne Kunstdünger und Pestizide aus. Die Äcker liegen statt dessen mehrere Jahre brach und bringen in dieser Zeit eine für Mitteleuropäer überwältigende Blütenpracht hervor. Auch die Schaf- und Ziegenweide spielt in der heutigen Landwirtschaft Ibizas noch eine relativ große Rolle. Durch Be- und Überweidung wird das Land zwar immer karger, das bedeutet jedoch auch die Verhinderung von Verbuschung und Bewaldung. Jeder Orchideenfreund weiß, was das bedeutet: die Landschaft wird offengehalten, sie wirkt abwechslungsreicher und ursprünglicher, und der Lebensraum für seltene kleine Wildblumen und Kräuter wird erhalten und vergrößert.

Die modernen Zeiten mit dem seit 1960 langsam einsetzenden Massentourismus haben daran bis jetzt nicht allzuviel geändert – sie boten der Natur noch zusätzliche Chancen. Daß Ibizas Landschaft noch heute so schön und ursprünglich wirkt, daß die Fora so reich ist und daß es auch wieder viele Wälder und Naturlandschaften oft schon am Straßenrand gibt, verdanken wir einem glücklichen Zusammentreffen verschiedener Umstände:
– Das Fehlen von Großgrundbesitz und die verstreute Bauweise bieten vor allem dem Wanderer große Vorteile: da kein Bauer seine Kartoffeln und Kaninchen gegen Leibeigene und Tagelöhner beschützen mußte, sondern alle Ibicencos ihren eigenen Besitz hatten, waren hohe Schutzmauern (wie sie z.B. die meisten Straßen in Mallorca säumen) nicht nötig. Außerdem mußte man ohnehin auf jedem Weg fremdes Land passieren. So blieb Ibiza eine 'offene' Insel. Wir können überall einfach drauflos laufen, und die 'freie Natur' beginnt direkt an den Straßen.
– Die hereinbrechende Tourismusindustrie, die weiten Transportwege über Wasser und die Konkurrenz der EG-Staaten machten die ohnehin nicht gerade effektive ibizenkische Landwirtschaft noch weniger lohnend: jetzt gab es lukrativere Arbeitsplätze; viele Bauern verließen ihr Land und überließen es der Natur (dafür schmeckt das Gemüse nicht mehr so gut wie früher).
– Dazu kommt das Absinken des Grundwasserspiegels (vor allem aufgrund der neugebauten Brunnen für verschiedene Zwecke und des Wasserbedarfs der Hotels): viele ehemalige Äcker sind jetzt einfach zu trocken für die Bewirtschaftung, und neue wilde und wunderschöne Naturlandschaft entsteht.
– Die Einführung neuer Baumaterialien und Energieträger (Öl, Gas, Strom) machte es unnötig, Wälder abzuholzen – Ibizas Hügel, die in den 20er Jahren noch weitgehend kahl waren, sind wieder grün (eine Tendenz, die auch das vom Festland importierte, sehr, sehr langsam wachsende Bewußtsein für Naturschutz und ökologische Funktionen von Wäldern gestärkt hat).

All das trug bisher dazu bei, daß die Touristen eine unglaublich schöne, nach wie vor in weiten Teilen unberührt wirkende Insel vorfanden. Das sprach sich herum: der Tourismus wurde zum Massentourismus. Es gab nicht nur endlich genug Arbeitsplätze für Ibicencos, man holte sich auch Tausende von Gastarbeitern aus den armen spanischen Provinzen Murcia und Andalusien. Nicht nur die Touristenzahlen, auch die Einwohnerzahlen der Pityusen explodierten.

Aber: die Pityusen sind kleine Inseln, die dem Wachstum natürliche Grenzen setzen. So bleiben die Probleme und Gefahren nicht aus. Hemmungslose Bebauung hat schon viele ehemals schöne Küstengebiete zerstört. Durch den wachsenden Autoverkehr wurden Ibizas Straßen zu den gefährlichsten Europas. Der Wasserverbrauch führt dazu, daß Meerwasser ins Grundwasser eindringt und es verdirbt. Das Fehlen von Waldbewirtschaftung schafft nicht nur urwaldartige Wildnis, sondern auch immer mehr trockenes Unterholz. So gibt es von Jahr zu Jahr gefährlichere Waldbrände.

Und jetzt erweisen sich genau die Bedingungen, die Ibizas Natur einst so bezaubernd gemacht haben, als Bumerang:
– Bis weit in die 60er Jahre lebte die Landbevölkerung der Pityusen in einer vorindustriellen Mangelgesellschaft. Die 'Ursprünglichkeit' der Ibicencos und ihre Armut ließen Probleme wie Müllentsorgung überhaupt nicht auftreten. So entstand auch kein Bewußtsein dafür.

Die traditionelle Landwirtschaft Ibizas gibt einer Vielzahl von Blumen Lebensraum

Heute hat Ibiza das höchste Pro-Kopf-Einkommen Spaniens – und wir stoßen überall in der Natur auf Berge von Hausmüll und Bauschutt.

– Oft verschandeln die Bauern auch ihre kostbaren alten Fincas und ihr Land durch Hohlblocksteinmauern und Drahtzäune – nicht etwa, weil das nötig wäre, sondern weil das modern, also gut ist und der Nachbar auch so etwas hat.

– Die zerstreute Bauweise, die Liebe der Einheimischen zu ihrer vertrauten Umgebung und das Fehlen von modernem ökonomischen und ökologischen Denken machte es möglich, daß die neuentstandenen Betriebe der Tourismus-Zuliefer-Industrie (Autowerkstätten, Ersatzteildepots usw.) nicht etwa in einigen ausgewiesenen Industriegebieten konzentriert wurden, sondern da wucherten, wo es sich gerade ergab: z.B. auf dem Land des Vaters. So erleben wir heute, daß in den schönsten Landschaften im Inselinnern häßliche Industriegebäude entstehen – was natürlich auch den Berufsverkehr zu einem großen Problem macht (um Arbeitsplätze zu erreichen und Einkäufe zu erledigen, muß man kreuz und quer über die Insel fahren).

– Die so charmante Zurückhaltung und Gelassenheit und der ausgeprägte Individualismus der Einheimischen entpuppen sich als Gleichgültigkeit (scheinbare Toleranz) und Hilflosigkeit gegenüber Veränderungen, die sie nicht unmittelbar und sofort selbst betreffen. Die jahrhundertelange Isolierung nicht nur der Insel als Ganzes, sondern auch der Familien auf ihren Fincas hat zu dieser Einstellung geführt. Verstärkt wurde die Haltung „nur um die eigenen Belange kümmern" durch die Gemetzel des Bürgerkrieges, die in den 30er Jahren Dorfgemeinschaften und Familien spalteten. So kommt es, daß die Ibicencos tatenlos zusehen, wenn skrupellose Geschäftsleute, aber auch gedankenlose Nachbarn Ibizas natürliche Schönheit zerstören – obwohl das auch den eigenen Wohlstand gefährdet. Schließlich hängt die Wirtschaft zu mehr als 95 % vom Tourismus ab. Es ist fast ein Wunder, daß es den kleinen und recht isoliert kämpfenden Naturschutzgruppen der Insel bis jetzt gelungen ist, den einmaligen Lebensraum Salinen (*Wanderung 1, 2 und 17*) mit seiner Vielzahl an seltenen Tieren und Pflanzen vor der Bebauung zu bewahren. Aber Hotels, Ferienhaussiedlungen und Industriebauten fressen sich immer näher heran.

Nun hat die Spanische Regierung eine Reihe von brauchbaren Gesetzen zum Schutz der Natur erlassen. Aber es gibt so viele Wege, solche Bestimmungen zu unterlaufen, und traditionelle Vetternwirtschaft (im wahrsten Sinne des Wortes) hilft, alle diese Wege zu nutzen. So wird weitergebaut – obwohl jeder weiß, daß die Tourismuszahlen schon jetzt drastisch sinken, die Bettenkapazität viel zu hoch ist, und daß sich jeder Neubau zum Schaden der Insel auswirkt.

Was kann man tun, um 5 Minuten vor 12 die noch nicht zerstörten Schönheiten der Insel zu retten?

Den Naturschutzorganisationen bleibt nicht viel mehr, als illegales Bauen (darauf konzentriert sich die Gruppe GEN) und illegales Müllabladen (ein Arbeitsschwerpunkt der Gruppe „Friends of the Earth") zu denunzieren und auf die Probleme der Inseln aufmerksam zu machen. Viel Unterstützung durch die Bevölkerung haben sie dabei nicht. Aber die Tourismuskrise kommt ihnen entgegen: mehr und mehr Touristen sind nicht zufrieden mit Massenunterkünften und überfüllten, schmutzigen Stränden; sie wollen saubere, heile, schöne Natur.

Und genau das ist der einzige Hebel, der wirkt. Davor, daß die Touristen – besonders die anspruchsvollen und gut zahlenden Touristen – weg bleiben, hat jeder Angst.

So wurde doch schon einiges in Gang gesetzt: manche Strände, das Wasser und die Straßen der Städte sind sauberer als noch vor wenigen Jahren, und die Auflagen für Neubauten werden immer strenger. Aber das Inselinnere und die Natur scheinen nach wie vor nicht ins Blickfeld der Verantwortlichen geraten zu sein, es wird munter weiter verschandelt. Und die drohenden Baustops scheinen zu umso hektischerer Bauwut zu veranlassen – jeder möchte noch schnell ein Stück vom Kuchen haben und hofft, daß die Pleite nur den Konkurrenten trifft.

Was können Sie tun? Sie können z.B. die Naturschutzorganisationen unterstützen (GEN: Tel.: 390674, Büro in Ibiza-Stadt, Abad y la Sierra 2, 1. Stock, „Friends of the Earth – Amigos de la Tierra": Tel.: 340878). Wichtig wäre es auch, wenn Sie bei Ihrem Reiseveranstalter oder dem Hotelier so deutlich wie möglich machen, daß auch die Landschaft, Kultur, Flora und Fauna jenseits der Badestrände Ihre Entscheidung, nach Ibiza zu kommen, beeinflußt.

So verstehen wir auch die Strategie dieses Buches: Wir zeigen möglichst vielen Touristen und Einheimischen die bisher weitgehend unbekannten Schönheiten der Inseln. Dadurch – so hoffen wir – stärken wir das Bewußtsein dafür, daß es auf den Pityusen außer Stränden und Discos viel Schützenswertes und auch im ökonomischen Sinne Kostbares gibt. Nur wenn das erkannt wird, besteht die Chance, daß die Verantwortlichen der gedankenlosen Zerstörung der Lebensräume der Inseln und damit eines der wenigen noch erhaltenen Naturparadiese Europas in letzter Sekunde einen Riegel vorschieben. Natürlich wünschen wir uns, daß auch Sie schonend mit Ibizas empfindlicher Natur umgehen.

Die alten Bäuerinnen tragen ihre Tracht nicht für die Touristen - wie lange noch?

2. SELTENE WILDBLUMEN – EINE HERAUSFORDERUNG FÜR ENTDECKER

1989 wurde in Madagaskar eine bis dahin unbekannte Halbaffenart entdeckt: der Goldene Bambuslemur. Das war eine wissenschaftliche Sensation, die durch die Weltpresse ging. Mit ähnlichen Überraschungen ist auf Ibiza nicht zu rechnen. Aber immerhin hat vor noch nicht allzulanger Zeit der deutsche Botaniker Heinrich Kuhbier dort eine ganz neue Wolfsmilchart entdeckt *(Euphorbia margalidiana KUHBIER et LEWEJOHANN)* – auch eine kleine Sensation. Es gehört zu den besonderen und überraschenden Reizen unserer Inseln, daß sie trotz allen Touristenrummels noch eine Fülle sehr unterschiedlicher, zum Teil abgelegener und bisher kaum erforschter Lebensräume bieten: einer der letzten weißen Flecken auf der naturwissenschaftlichen Landkarte Europas.

Besonders die Pflanzenwelt Ibizas bietet Spaziergängern und Naturfreunden eine Fülle von Erlebnissen. Touristen, die im Juli oder August zwischen Strand, Hotel, Restaurant und Disco pendeln, können sich kaum vorstellen, daß es auf Ibiza und Formentera eine Vielzahl reizvoller Wildblumen zu entdecken gibt – das Land wirkt karg, braun und verbrannt. Wer die in diesem Buch abgebildeten Pflanzen in der Natur sehen will, muß schon bei der Planung der Reise die wichtigste Vorentscheidung treffen: die Reisezeit. Ein guter Tip ist der April. Dann hat man Eindruck, daß die Natur der Pityusen explodiert. Überall findet man Blumenwiesen in allen Farben, blühende Büsche in rosa, weiß, gelb und violett und bezaubernde kleine Blüten am Wegesrand.

Aber nicht alle interessanten Pflanzen tun uns den Gefallen, im April zu blühen. Schon Ende Februar kann man einige besonders schöne Orchideenarten finden, die Anfang März verblüht sind, andere botanische Kostbarkeiten erblühen erst im Mai/Juni, wieder andere im September und im Dezember, und selbst in den trockenen, heißen Sommermonaten blühen ein paar besonders schöne Pflanzen. Deshalb nennen wir nicht nur bei jeder beschriebenen Pflanze die Blütezeiten auf Ibiza (die nicht nur von Jahr zu Jahr – wie überall – variieren, sondern sich häufig auch von anderen Mittelmeergebieten unterscheiden und deshalb in Bestimmungsbüchern zur Mittelmeerflora irreführend angegeben sind). Wir widmen auch ein großes Kapitel den Jahreszeiten auf den Pityusen (Kapitel 4). Dort wird unter anderem beschrieben, was jeweils wann und wo blüht.

Ein weiteres Problem beim Pflanzensuchen besteht darin, daß die Standorte sehr unterschiedlich sind: zum einen beschränken sich einige – besonders die selteneren – Wildblumen oft auf nur wenige eng begrenzte Standorte auf Ibiza, zum andern haben viele Blumenarten bestimmte Ansprüche an Bodenart, Feuchtigkeit und Lichtverhältnisse. So gibt es eine Reihe verschiedener Landschaftstypen mit jeweils unterschiedlichen Vegetationsformen. Das Kapitel 3 stellt die wichtigsten Landschaftsformen dar und berichtet, was man dort finden kann. Außerdem beschreiben wir – soweit es sinnvoll ist – die Standorte der abgebildeten Pflanzen. Eine weitere Hilfe bieten die Wandertips (Kapitel 7) – wann immer möglich verweisen wir auf die Wanderungen, die zu den vorgestellten Wildblumen führen.

Wer nach bestimmten Pflanzen Ausschau hält, sei auf das Register der wissenschaftlichen und deutschen Namen der beschriebenen Pflanzenarten am Schluß des Buchs verwiesen.

Im begrenzten Rahmen kann dieses Buch auch als Bestimmungsbuch für die Pflanzen, die der Wanderer auf unseren Inseln findet, dienen. Die Fotos stellen wesentliche Erkennungsmerkmale deutlich heraus. Natürlich konnten wir nur einen kleinen Teil der knapp tausend auf den Pityusen wachsenden Wildpflanzen in dieses Buch aufnehmen. Darunter sind z.B. sämtliche bis jetzt entdeckten Orchideenarten (Kapitel 6). Außerdem haben wir uns für diejenigen Pflanzen entschieden, die wir für besonders reizvoll und interessant halten und die zugleich in gewisser Weise typisch für die Landschaften Ibizas und Formenteras sind. Ein umfassendes Bestimmungsbuch für die Flora Ibizas gibt es noch nicht. Im Literaturverzeichnis werden jedoch einige Pflanzenführer für die Balearen und das Mittelmeergebiet genannt, die dem Leser im Zweifelsfall sicher weiterhelfen.

Als besonders kostbar und schützenswert – und aufregend – gelten Naturlandschaften, wenn sie viele seltene, bedrohte oder sonst nirgendwo auf der Welt vorkommende (endemische) Pflanzenarten enthalten. Dieses Kapitel beschränkt sich auf attraktive Wildblumen, die auf den Pityusen besonders selten und zum Teil erst kürzlich entdeckt worden sind, und auf endemische Pflanzen, die für immer ausgestorben sein werden, wenn man ihre Standorte auf unseren Inseln zerstört.

Nestor Torres fand in den vergangenen Jahren eine Reihe von Wildblumen in seiner Heimat, deren Existenz auf den Pityusen bis dahin unbekannt war. Eine dieser Arten ist z.B. die im Herbst – Ende September bis Mitte Oktober – in der Garigue an der nordöstlichen Küste Ibizas zwischen Portinatx und Cala San Vicente blühende Narzissenart *Narcissus elegans* (Wanderung 10).

Erst vor wenigen Jahren auf Ibiza entdeckt:

Narcissus elegans (Wanderung 10)

Bis vor kurzem in Europa unbekannt: *Scilla numidica*

Balearen-Hufeisenklee *Hippocrepis balearicum ssp. grosii* (Wanderung 7)

Scilla numidica

Diese graziöse Blume unterscheidet sich von der ähnlichen, relativ verbreiteten **Spätblühenden Narzisse** *Narcissus serotinus* u.a. durch ihren etwas herben, nicht so süßen Duft und dadurch, daß gewöhnlich zwei bis vier Blüten an einem Stengel wachsen und man außerdem ein Laubblatt noch während der Blütezeit sieht.

Ibiza sorgte kürzlich noch für eine weitere Überraschung: Im Oktober 1981 wanderte Nestor Torres durch die Berge im Südwesten der Insel. In einer abgelegenen Schlucht entdeckte er plötzlich über 40 cm hohe, reizvolle Blumen, die er noch nie gesehen hatte. Erst die Prüfung im Botanischen Institut der Universität Barcelona ergab, daß es sich dabei um die in Europa bisher unbekannte *Scilla numidica* handelt – eine seltene Pflanze, die offenbar außer in Ibiza nur in einigen Felsschluchten Nordafrikas blüht. Erst im Herbst 1989 fand Nestor Torres einen weiteren Standort dieser Blume – diesmal im Norden der Insel. Vielleicht finden auch Sie einen neuen Standort oder eine andere Rarität. Bitte setzen Sie sich dann mit uns in Verbindung – in Deutschland über den Verlag, in Ibiza mit N. Torres.

Eine besondere Faszination geht für viele Naturfreunde auch von Pflanzen aus, die es nur auf den Pityusen und sonst nirgendwo auf der Welt gibt – von endemischen Pflanzen. (Selbstverständlich stehen alle endemischen Pflanzen Ibizas unter strengem Naturschutz.) Dazu zählt z.B. der prachtvolle **Balearen-Hufeisenklee** *Hippocrepis balearicum ssp. grosii*, der von Februar von Anfang April die Felsen an der Steilküste hinter St. Inès *(Wanderung 7)* überzieht und sich langsam wieder ausbreitet, seitdem der Tourismus die Landwirtschaft verdrängt und es deshalb weniger Ziegen gibt, die früher den Balearen-Hufeisenklee fast zum Aussterben gebracht haben. Auch so kann sich Tourismus auswirken!

Eine kleine Kostbarkeit ist die zarte *Silene cambessidesii BOISSET REUT.*, die auf der Welt nur an den Sandstränden Formenteras und einigen Stränden Ibizas – Playa d'en Bossa, Port des Torrent, Cala Conta, Salinas und Es Cavallet – zu finden ist. Sie blüht in den Dünen im März und April (*Wanderung 1, 6 und 17*).

Chaenorhinum rubrifolium ssp. formenterae

Endemisch auf den Pityusen: *Silene cambessedesii* (Wanderung 1)

Zur gleichen Zeit und in der gleichen Gegend wächst eine Art winziges „**Strandlöwenmaul**" – das endemische *Chaenorhinum rubrifolium ssp. formentera*. Nahe verwandt und ebenfalls sehr selten ist *Chaenorhinum origanifolium (L.) ssp. crassifolium*, das etwas später im Jahr in Spalten der Küstenfelsen zu finden ist. Im April und Mai blüht – stets in der Nähe der Küsten, z.B. am Cap Falco *(Wanderung 2)* der **Ibizenkische Strandflieder** *Limonium ebusitanum* FONT QUER.

Chaenorhinum origanifolium (L.) ssp. crassifolium

Strandflieder *Limonium ebusitanum* (Wanderung 2)

Silene cambessedesii

Cardus burgeanus ssp. ibicensis

Diplotaxis ibicensis

Auch ihn findet man – abgesehen von einigen Stellen auf Mallorca – nur hier. Zur gleichen Zeit blühen – vor allem im Südwesten Ibizas – drei weitere endemische Pflanzen der Pityusen: die **Distel** *Cardus burgeanus ssp. ibicensis*, von der wir auch weiße Exemplare gefunden haben, der **Doppelsame** *Diplotaxis ibicensis* und der oft mehrere Meter hohe **Ginster** *Genista dorycnifolia FONT QUER*. Im Mai und im Juni kann man an der Nordküste in Felsspalten den kleinen, würzigen **Thymian** *Thymus richardii (PERS.) ssp. ebusitans FONT QUER* entdecken. Im Juli blüht der unscheinbare endemische **Lauch** *Allium grosii FONT QUER*, und auch der Herbst bietet etwas: im September und Oktober findet man mit viel Glück auf kargen Hängen im Inselinnern den nur wenige Zentimeter hohen seltenen endemischen

Genista dorycnifolia

Thymian *Thymus richardii ssp. ebusitans*

Allium eivissanum MICELI et GARBARI

Färberdistel *Carduncellus dianius*

Silene hifacensis ROVY ex WILLK.

Nur auf den Balearen: Balearen-Johanniskraut *Hypericum balearicum*

Lauch *Allium eivissanum* MICELI et GARBARI. Fast endemisch sind zwei weitere sehr seltene Pflanzen, die wir im Juli in der Cala Aubarca gefunden haben *(Wanderung 8)*: die weiße **Färberdistel** *Carduncellus dianius* WEBB. und die aparte **Nelke** *Silene hifacensis ROVY EX WILLK*. Diese beiden Blumen wachsen außer in Ibiza nur an wenigen Stellen auf dem gegenüberliegenden spanischen Festland. Wie unerforscht die Natur Ibizas noch ist, zeigt sich auch daran, daß im neusten Werk über die balearische Flora – Becket: Wild Flowers of Majorca, Minorca and Ibiza, Rotterdam 1988 – eine Reihe der hier vorgestellten endemischen und fast endemischen Pflanzen unserer Insel noch fehlen: z.B. die weiße Färberdistel und die Distel *Cardus burgeanus ssp. ibicensis*, der Doppelsame *Diplotaxis ibicensis* und der Lauch *Allium eivissanum*.

Nur in Küstennähe im Südosten der Insel – zwischen Sta. Eulalia und Jesus, besonders in der Gegend von Roca Llisa *(Wanderung 15)* – blüht vom Mai bis zum September das **Balearen-Johanniskraut** *Hypericum balearicum* – ein kräftiger Busch, übersät mit üppigen, leuchtend gelben großen Blüten. Diese Pflanze, die außerhalb der Balearen keine Verwandten mehr besitzt, wächst sonst nur noch auf Menorca und Mallorca, dort eigenartigerweise jedoch nur in höheren Lagen (vielleicht entwickelt sich auf Ibiza gerade eine neue Unterart). Im tiefen Schatten zwischen den Felsen ausgetrockneter, nach Nordosten gerichteter Bachläufe in den Bergen um San Juan und in der Cala Aubarca kann man im April einen anderen Fast-Endemiten entdecken: das **Balearen-Alpenveilchen** *Cyclamen balearicum* WILLK. mit den zarten, kleinen weißen Blüten und den tiefvioletten Blattunterseiten, das außer auf Ibiza und Mallorca nur noch in wenigen Gebieten Südfrankreichs vorkommt *(Wanderung 8, 11 und 12)*. Zur gleichen Zeit blüht an Sandstränden, aber auch auf sandigem Gelände im Inselinnern das zierliche endemische **Oreganumblättrige Sonnenröschen** *Helianthemum origanifolium ssp. serrae*.

Zwar kein Endemit, aber trotzdem eindrucksvoll ist die **Kretische Skabiose** *Scabiosa cretica*, die ihrem Namen zum Trotz nur an einigen Felsküsten des westlichen Mittelmeers – zwischen den Balearen und Süditalien – zu finden ist. Ihre bis 5 cm großen Blüten kann man auf den Pityusen im April und Mai nur an der Nordküste Ibizas, z. B. hinter Sta. Inès *(Wanderung 7)*, der Isla Vedra und auf den Felsen von

Balearen-Alpenveilchen *Cyclamen balearicum*

Helianthemum origanifolium ssp. serrae

Kretische Skabiose (Wanderung 7)

Selten und auf wenige Gebiete beschränkt: Kretische Skabiose *Scabiosa cretica*

Ornithogalum gussonei TEN. (Wanderung 5)

Auf Ibiza eine Rarität: Scharbockskraut

Großblättriger Hahnenfuß - selten auf Ibiza

Allium neapolitanum (Wanderung 14)

Centaurea collina

La Mola auf Formentera finden. Ebenfalls selten und auf wenige hochgelegene Gebiete beschränkt ist der **Milchstern** *Ornithogalum gussonei TEN*. Nur auf dem Nordhang des Atalaya de San José *(Wanderung 5)* und in der Nähe des Atalaya de San Lorenzo *(Wanderung 13)* haben wir im April größere Vorkommen entdeckt. Es ist wohl auf die primitiven, eher in die Steinzeit passenden Jagdinstinkte der Menschen zurückzuführen, daß sie auch dann stolz sind, etwas Seltenes gefunden zu haben, wenn damit keinerlei Nutzen verbunden ist. Auch wir – die Autoren – bilden da leider keine Ausnahme. So konnten wir – teilweise zum ersten Mal auf Ibiza – eine Reihe von weiteren botanischen Raritäten der Insel fotografieren: Im relativ feuchten Tal des Rio Sta. Eulalia *(Wanderung 14)* fanden wir im April das **Scharbockskraut** *Ranunculus ficaria*, im Mai den **Neapolitanischen Lauch** *Allium neapolitanum* und den **Großblättrigen Hahnenfuß** *Ranunculus macrophyllus* und im Juni die seit Jahrzehnten verschollene leuchtend gelbe **Flockenblume** *Centaurea collina*. Eine besondere Kuriosität, die nach der vorliegenden Fachliteratur angeblich auf der Welt nur an einer einzigen Stelle in Mallorca vorkommt, fanden wir im April auf der Garigue in der Nähe von Port des Torrent *(Wanderung 6)*: die beiden kleinen, zur Familie **Tausendgüldenkraut** gehörenden Enzianarten *Centaurium tenuiflorum ssp. acutifolium* (rosa) und *Centaurium maritimum* (gelb) brachten gemeinsam einen neuen – altrosa bis weiß gefärbten – Hybriden hervor: das sogenannte *Centaurium bianorii*. Was für eine Freude! Wie unbekannt und wie wenig erforscht die Natur der Pityusen heute noch ist, zeigt sich besonders bei den Orchideen. Sie sind auf Ibiza reich vertreten. Ihnen widmen wir ein eigenes Kapitel – Kapitel 6.

Bitte vergessen Sie nicht, daß alle in diesem Kapitel vorgestellten Pflanzen geschützt und zum Teil vom Aussterben bedroht sind. Lassen Sie bitte die Blumen da, wo sie hingehören. Ausgraben bringt gewöhnlich ohnehin nichts, da kaum eine Pflanze den Standortwechsel verkraftet. Verzichten Sie auch aufs Pflücken einzelner Exemplare. Ein Foto sagt mehr aus als ein vertrockneter Herbarbeleg. Aber achten Sie beim Fotografieren darauf, wo Sie hintreten. Wir hoffen, daß Ihr verantwortungsvolles Verhalten dazu beiträgt, daß der von uns angestrebte Effekt des Buches – der Erhalt und Schutz der natürlichen Lebensräume durch die Verantwortlichen auf Ibiza – nicht durch Spaziergänger zunichte gemacht wird.

Centaurium tenuiflorum ssp. acutifolium

... und *Centaurium maritimum*

Hybride *Centaurium bianorii* (Wanderung 6)

Im Schatten der Bachtäler bei San Juan blüht das Balearen-Alpenveilchen (Wanderung 8, 11 und 12)

3. Landschaften und Lebensräume

Der Vielfalt der Natur der Pityusen entspricht die für so kleine Inseln erstaunliche Vielfalt der Landschaftsformen. An den Küsten wechseln steile und flache Felsen, weite Sandstrände und tief eingeschnittene Buchten einander ab. Die Hügel, Berge und Schluchten sind größtenteils mit Wäldern bedeckt, die zum Teil von Karstflächen und Felsen, zum Teil von Makchia und Garigue unterbrochen werden. Die ehemaligen Flußbetten bieten etwas feuchtere Lebensräume, und dazwischen gibt es weite, schon von den Phöniziern kultivierte Ebenen, die teilweise noch heute landwirtschaftlich genutzt werden, teilweise brach liegen und von der Natur zurückerobert wurden (wie diese Vielfalt entstanden ist, haben wir im 1. Kapitel beschrieben).

Auf Ibiza kann man drei Berg- bzw. Hügelzonen unterscheiden:
– relativ flach im Süden, mit dem Puig d'en Palau (232 m) und Puig d'en Cardona (296 m) westlich und nördlich des Flughafens, dem Puig Talau (260 m) westlich von Ibiza-Stadt, dem Sa Talaia de Jesus (186 m), Guixà (230 m) und Puig d'en Pep (240 m) zwischen Ibiza und Sta. Eulalia,
– im Südwesten mit den höchsten Bergen der Insel: Sa Talaia de Sant Josep bzw. Atalaya de San José (475 m) und Puig d'en Serra (438 m)
– und im Norden zwischen San Antonio und San Carlos die großenteils mit Pinienwäldern bedeckten, besonders ausgedehnten und insgesamt am höchsten gelegenen Gebirgszüge der Insel mit dem Talaia de Sant Joan (362 m) und Es Fornès (410 m).

Aber auch im Inselinnern gibt es bewaldete Hügel: z.B. der Talaia de Sant Llorenc bei San Lorenzo (277 m) und das Gebiet um den Puig del Exeró nördlich von Sta. Eulalia.

Diese Gebiete – und die Felsküsten im Norden – sind vermutlich für Wanderer und Entdecker am spannendsten – sie sind relativ dünn besiedelt und bieten besonders viel unberührte Natur mit typischer Süd-Mittelmeervegetation und einer Vielfalt an seltenen Pflanzen *(Wanderung 2, 4, 7, 8, 9, 10, 11* und *13)*. Aber auch die Dünengebiete an den Küsten (besonders *Wanderung 1* und *17*) und die Ebenen zwischen den Hügeln *(Wanderung 8, 12* und *14)* sind – besonders im Frühling – alles andere als reizlos.

Formentera ist relativ flach und karg, mit weiten Dünengebieten und Sandstränden, einer Ebene im Westen (Plà del Rei oder Plà de Barbaria – *Wanderung 16)*, die nach Norden in den Salzseen Estany del Peix und Estany Pudent *(Wanderung 17)* ausläuft, und der Hochebene La Mola, die im Osten bis zu 202 m aus dem Meer aufragt *(Wanderung 18)*.

Neben den verbreitetsten bzw. auffälligsten Lebensräumen Wald, Garigue und Kulturland, Felsküsten und Sandküsten gibt es noch einige kleinere Biotope:
– Auf der Halbinsel Talamanca finden wir einige kleine Reste Sumpfgebiet mit einer eigenen Flora und Fauna (es soll dort sogar Sumpfschildkröten geben).
– An feuchten Stellen der Wälder und an Bachläufen wächst stellenweise undurchdringliche Macchia aus bis zu 4 m hohen Büschen. Im Gegensatz zu anderen Mittelmeergebieten ist die Macchia auf den Pityusen kaum verbreitet. Jedenfalls sind bisher – soweit man weiß – noch keine wandernden Touristen in der Makchia Ibizas verschollen. Das verdanken wir der Tatsache, daß die Pityusen trockener und heißer sind als z.B. Korsika oder Mallorca.
– Auf den vorgelagerten, großenteils unbewohnten kleinen Inseln wie der Isla Vedra kommt man sich vor wie in einer anderen Welt: Wilde Karstlandschaften erinnern an die Hochlagen der Dolomiten. Auch die kleinen Inseln beherbergen Kräuter und Tiere, die man auf den Hauptinseln nicht findet.
– Einen Sonderfall stellen die Salinen im Süden Ibizas und im Norden Formenteras dar *(Wanderung 1, 2* und *17)*. Schon die Phönizier haben vor über 2 1/2 Jahrtausenden die Salinen zum Zweck der Salzgewinnung ausgebaut (noch heute wird auf Ibiza Salz gewonnen). Im Laufe der Zeit haben sich die Salinen zu einem einzigartigen Lebensraum entwickelt. Neben einer Reihe salzliebender Pflanzen wachsen auch viele andere reizvolle Wildblumen in den Marschen und in den Dünen und Hügeln in ihrer Umgebung. Besonders wichtig sind die Salinen aber für eine Vielzahl von Vögeln. Die flachen Seen bieten sowohl interessanten Brutvögeln als auch Tausenden von Zugvögeln Schutz, Nahrung und Rastplätze (vgl. Kapitel 5). Kein Gebiet Ibizas war in den letzten Jahrzehnten so umkämpft wie die Salinen: Immer wieder versuchten Geschäftsleute, die Salinen mit Hotelanlagen zuzubauen – aber bisher gelang es den Naturschutzorganisationen, das zu verhindern. Trotzdem gibt es immer wieder neue Pläne, und auch Industrieanlagen schieben sich näher und näher heran. Seit Februar 1991 sind die Salinen und die umliegenden Hügel endlich vollständig unter Naturschutz gestellt – hoffentlich auf Dauer.

Ein einzigartiger Lebensraum: Die Salinen Ibizas (Wanderung 2)

Auffliegende Flamingos in den Salinen Ibizas (Wanderung 2)

Rastende Seidenreiher (Wanderung 2)

DIE FELSKÜSTEN

Besonders die Nordküste Ibizas besteht fast ausschließlich aus steilabfallenden Felsen, aber auch La Mola auf Formentera, der Südwesten und der Osten Ibizas sowie die vorgelagerten Inselchen sind reich an Felsküsten. Auf den ersten Blick wirken die wilden, schroffen, zum Teil kahlen Felsen ausgesprochen lebensfeindlich. Aber das täuscht. Durch ihre Unzugänglichkeit hat sie der Massentourismus bisher weitgehend verschont (obwohl es traurige Ausnahmen gibt), und für Landwirtschaft sind Felsküsten ohnehin nicht geeignet. Dazu kommt, daß besonders an nach Norden gerichteten Küsten durch Schatten und Meeresnähe ein etwas kühleres, feuchteres Mikroklima herrscht als sonst auf den Inseln. All das macht die Felsküsten zu einem besonders kostbaren Rückzugsgebiet für Pflanzen (und teilweise Tiere), die sonst auf den Inseln keinen Lebensraum mehr finden. Die **Kretische Skabiose**, den **Balearen-Hufeisenklee**,

Eine Welt für sich - die vorgelagerten Inseln: z.B. Tagomago

Felsküste im Nordwesten mit *Helichrysum rupestre*, Kretischer Skabiose und Balearen-Hufeisenklee (Wanderung 7)

Felsküste im Nordwesten mit dem Inselchen Ses Margalides (Wanderung 7)

Die Cala Aubarca - im Vordergrund *Helichrysum rupestre* (Wanderung 8)

das **Balearen-Johanniskraut**, den **Ibizenkischen Strandflieder**, das **Löwenmaul** *Chaenorhinum origanifolium*, den endemischen **Thymian** *Thymus richardii*, die weiße **Färberdistel** *Carduncellus dianius WEBB*. und die **Nelke** *Silene hifacensis ROVY EX WILLK*. – alles Pflanzen küstennaher Felsgebiete – haben wir schon im letzten Kapitel kennengelernt. Typische Bewohner der nördlichen Felsküsten sind auch der endemische **Lauch** *Allium grosii FONT QUER* und die aparte **Immortelle** *Helichrysum rupestre*, die wir im nächsten Kapitel neben anderen Frühlingsblühern vorstellen.

Der botanische Reiz der Felsküsten ist auch dadurch zu erklären, daß sie eine unglaubliche Fülle von unterschiedlichen Kleinstlebensräumen enthalten: Jede kleine Felsspalte und -mulde bietet durch Sonne und Schatten, unterschiedliche Erd- und Humusablagerungen und besonders durch unterschiedliche Wasserzufuhr (die davon abhängt, wieviel Wasser jede Mulde aus der nächsten Umgebung bei Regen auffängt) ihre eigenen Lebensbedingungen – und wenn eine Pflanze erst einmal eine Spalte oder Mulde besetzt hat, kann ihr die Konkurrenz (in Form von anderen Pflanzen) nichts mehr anhaben. So haben auch empfindliche Pflanzen, die sonst schon längst durch andere, neu auf den Inseln eingeführte Pflanzen verdrängt worden wären, überlebt (besonders die Cala Aubarca – *Wanderung 8* – ist voll von solchen Kleinstlebensräumen).

Felsküsten kann man außerdem auf den *Wanderungen 2, 4, 7, 9, 10, 15, 16* und *18* erleben.

Steilküste im Norden hinter San Miguel

Wild und unberührt: Steilküste im Nordosten bei Cala San Vicente (Wanderung 10)

Ein Traum für Schnorchler: der oft menschenleere Ostteil des Salinas-Strandes (Wanderung 1)

DIE SANDSTRÄNDE

Die Dünengebiete und Sandstrände sind die geologisch jüngsten, gleichzeitig naturgemäß vom Tourismus am meisten bedrohten Lebensräume der Pityusen. Dennoch können wir an verschiedenen Stränden noch ursprüngliche Dünenflora finden – mit interessanten Tieren (z.B. dem seltsamen Pillendreher-Käfer, dem **Skarabäus**) und einer für so extreme Standorte überraschenden Vielzahl von reizvollen Pflanzen: z.B. die schon im letzten Kapitel vorgestellten Wildblumen *Silene cambessedesii*, *Chaenorhinum rubrifolum ssp. formenterae* und das **Sonnenröschen** *Helianthemum origanifolium ssp. serrae*. Die prächtigste Vertreterin der Strandflora der Pityusen ist die **Dünentrichternarzisse**, aber auch **Stranddistel** und **Strandwolfsmilch** sind einen Blick wert. Diese Pflanzen blühen im Sommer (und werden auch im folgenden Kapitel gezeigt). Im Frühjahr (vgl. ebenfalls das folgende Kapitel) blühen neben vielen anderen Arten der **Ausdauernde** und der **Einjährige Strandstern**, die **Gewöhnliche Immortelle**, der **Geiskleeartige Hornklee** und die **Strandwinde** – also eine reiche Auswahl.

Die ausgedehntesten und zum Teil noch überraschend ursprünglichen Sandstrände befinden sich im Süden der Insel: der Südteil von Playa d'en Bossa (obwohl dort in den letzten Jahren ständig gebaut und viel zerstört wurde – so hat man ganz nebenbei am Playa d'en Bossa eine endemische Käferart ausgelöscht: wieder ist die Erde um eine Tierart ärmer geworden) und die Strände Es Cavallet und Playa de Migjorn bzw. Salinas-Strand *(Wanderung 1)*. Hier läßt sich wunderschön wandern, besonders zu empfehlen im Sommer, wenn es im Landesinnern zu heiß ist. Aber auch an Port des Torrent *(Wanderung 6)* und Cala Conta im Westen findet man (bedrohte) Reste der natürlichen Strandflora. Eindrucksvoll sind – besonders in den Dünen hinter dem Salinas–Strand und an der Cala Conta – auch die vom Wind gebeugten Pinien.

Formentera besitzt noch weit mehr einsame Sandstrände als Ibiza. Besonders unberührt sind die Strände auf der kleinen Insel Espalmador im Norden von Formentera und die daran angrenzende Halbinsel Es Trocadors *(Wanderung 17)*. Aber auch der endlose Strand im Süden Formenteras – Playa de Migjorn – bietet noch unzerstörte Abschnitte. Besonders reizvoll für Naturfreunde ist auch die Unterwasserwelt an den felsigen Rändern der Sandstrände. Im Kapitel 5 gehen wir näher darauf ein.

In den meisten Feriengebieten des Mittelmeers findet man solche Strände schon längst nicht mehr – sie sind unwiederbringlich als Lebensräume zerstört. Hoffen wir, daß man auf unseren Inseln sich umsomehr der Schutzwürdigkeit der Strandflora und -fauna bewußt wird.

Dünentrichternarzisse am Playa d'en Bossa

Stranddistel am Strand Es Cavallet (Wanderung 1)

Die Berge hinter San Juan sind von weiten Wäldern bedeckt (Wanderung 11)

DIE WÄLDER

Vor der Ankunft der Menschen auf Ibiza bedeckten sie die ganze Insel: die Wälder. Die Steineichenwälder der grauen Vorzeit sind bis auf einige Exemplare im Norden der Insel verschwunden. Nur eine nahe Verwandte der Steineiche, die niedrigere stachlige **Kermes–Eiche** *Quercus coccifera* bildet im Unterholz der Wälder und in der Macchia dichte Gebüsche. Aber schon im Altertum war vermutlich die vorherrschende Baumart der Pityusen die **Aleppo-Kiefer** *Pinus halepensis*, die heute fast ausschließlich die vielen Wälder Ibizas bildet (nur im Inselinnern – vor allem westlich von Sta. Eulalia – gibt es auch größere Bestände der **Schirmpinie** *Pinus pinea*). Die vielen anderen Bäume Ibizas – von jahrhundertealten **Ölbäumen** bis zu den **Palmen, Feigenbäumen, Mandelbäumen** und **Johannisbrotbäumen** – sind alle im Lauf der Jahrtausende von Menschen auf der Insel angesiedelt worden.

Die Aleppo-Kiefern sind der Hitze und Trockenheit des südlichen Mittelmeers vor allem durch ihre dünnen Nadeln gut angepaßt: sie verdunsten nur wenig Wasser. Dafür bieten sie auch nur wenig Schatten. Das bedeutet zum einen, daß ein echtes „Waldklima" – kühl, dunkel und feucht – nicht entstehen kann, zum andern aber, daß soviel Licht auf den Waldboden dringt, daß auch dieser meist dicht mit Sträuchern und Kräutern bewachsen ist. Vorherrschend sind die schon erwähnte **Kermes-Eiche**, die **Vielblütige Heide** *Erica multiflora*, der manchmal baumhohe **Phönizische Wacholder** bzw. die „Sabina" *Juniperus phönicea*, verschiedene Ginsterarten und die Zistrosen und Rosmarinbüsche, die auch in der Garigue dominieren. Unter den Wildblumen des Waldbodens sind besonders reizvoll: das **Balearen-Alpenveilchen** *Cyclamen balearicum* (vgl. Kapitel 2), die im Winter blühende **Waldrebe** *Clematis cirrhosa*, die gelbblühende Enzianart **Durchwachsenblättriger Bitterling** *Blackstonia perfoliata* (vgl. Kapitel 4) und einige Orchideenarten (vgl. Kapitel 6) – z. B. die **Keuschorchis** *Neotinea maculata*, die **Herbst-Drehwurz** *Spiranthes spiralis* und der **Violette Dingel** *Limodorum abortivum*. Auch die besonders

In Strandnähe haben sie ihr ursprüngliches Verbreitungsgebiet: Aleppo-Kiefern (Wanderung 1)

Im Inselinnern gibt es noch Wälder mit mächtigen Schirmpinien (Wanderung 14)

Die lichten Aleppo-Kiefernwälder bieten vielen Büschen Raum - z.B. der Vielblütigen Heide (Wanderung 14)

schönen **Ragwurz-Orchideen** *Ophrys apifera* und *Ophrys tenthredinifera* (**Bienen-** und **Wespenragwurz**) mögen etwas schattigere Standorte und wachsen deshalb teilweise auch in den Wäldern. Das interessanteste Tier der Wälder Ibizas ist die scheue, nachtaktive, ursprünglich aus Afrika stammende gefleckte **Ginsterkatze** *Genetta genetta* mit der in Ibiza endemischen Unterart „*isabelae*". Die Wälder stellen den Ausgangs- und den Endpunkt der Entwicklung der Natur der Pityusen dar: wenn durch Abholzung oder Waldbrände (von denen es jedes Jahr mehrere gibt) die Wälder zerstört werden, schaffen die Menschen Ackerland oder es breitet sich das Unterholz aus – in Form von Macchia und Garigue. Intensive Beweidung entzieht den Böden Nährstoffe, Erosion kommt dazu – aus der Macchia wird Garigue, daraus dürre Karstlandschaft und blanker Fels. Wenn andererseits der Boden fruchtbar und wasserreich genug ist, siedeln sich im brachliegenden Kulturland erst Büsche, dann Bäume an – es entsteht irgendwann wieder Wald. Oft finden wir im tiefsten Wald Reste alter Steinmauern: ein sicheres Zeichen dafür, daß sich hier vor vielen Jahrhunderten einmal Kulturland befand. Besonders schöne und interessante Wälder kann man auf den *Wanderungen 3, 5, 6, 11, 12, 13* und *14* kennenlernen.

DIE GARIGUE

Die verbreitetste Naturlandschaft auf den Pityusen ist die Garigue – ein sehr vielfältiger Lebensraum. Hervorstechendes Merkmal sind die vielen – meist niedrigen – verschiedenen Büsche, die je nach Jahreszeit in rosa, gelb, weiß und violett blühen und vielen Insekten und Vögeln Nahrung bieten, und die zum Teil felsigen Lichtungen mit Gräsern und einer Vielzahl von Wildblumen. Oft hat sich der Garigue ein lockerer Bewuchs von **Aleppo-Kiefern** und **Sabinas** zugesellt, und auch alte **Johannisbrot-, Mandel-** und **Feigenbäume** sind nicht selten (wie die alten Natursteinmauern ein sicheres Zeichen, daß sich dort früher einmal Kulturland befand). Vor der Besiedlung der Inseln durch die Menschen gab es die Garigue nur auf wenigen kleinen Plätzen mit extrem kargem, flachen Boden.

Die Schafe tragen dazu bei, daß aus altem Kulturland Garigue wird (Wanderung 14)

Erst durch die Menschen hat sie sich so sehr ausgebreitet – auf zwei Wegen: z.T. wurde Wald abgeholzt, und Beweidung und Erosion verhinderten, daß er nachwuchs – Garigue entstand – oder: ehemaliges Kulturland lag brach und wurde – ebenfalls aufgrund von Erosion und Beweidung und fehlender Bewässerung – zur kargen Garigue.

Die wichtigsten Buscharten der Garigue Ibizas sind die gleichen, die auch das Unterholz der **Aleppo-Kiefern**-Wälder bilden – außerdem u.a. der duftende, blauviolett blühende **Gezähnte Lavendel** *Lavandula dentata* und der oft flächendeckende tiefrosa **Kopfige Thymian** *Thymus capitatus*. Im Frühjahr fallen dazu besonders die üppig blühenden **Zistrosenbüsche** auf – die rosafarbene **Weißliche Zistrose** *Cistus albidus* und drei verschiedene weißblühende Zistrosenarten (die wir im nächsten Kapitel vorstellen). Die meisten Büsche und Kräuter sind stachlig oder voll von ätherischen Ölen – deshalb der unvergleichliche Duft der Garigue. (Die Ziegen und Schafe empfinden das offenbar anders. Sie mögen weder Stacheln noch duftende Öle, und deshalb haben sich gerade diese Pflanzen besonders ausbreiten können.)

Im heißen Sommer Ibizas wird die Garigue so weit ausgetrocknet, daß Kräuter und Blumen verdorren. Genau das aber führte zu dem unerschöpflichen Reichtum der Garigue an besonders aparten, in Mitteleuropa seltenen oder fehlenden Pflanzenarten: Zwiebel- und Knollengewächse, die ihre Blätter im Laufe des Frühjahrs verlieren, die Sommerhitze im Ruhezustand unter der Erde überdauern und erst im Herbst wieder austreiben. Vor allem Narzissen und Liliengewächse wie der **Affodil**, das **Schweifblatt**, die **Traubenhyazinthe** und die meterhohe **Meerzwiebel**, **Gladiolen** und die meisten Orchideenarten, die es auf den Pityusen gibt, findet man in der Garigue (vgl. dazu besonders die Kapitel 4 und 6).

Noch ein Wandertip: Wenn man nach interessanten Wildblumen Ausschau hält, versprechen – wie gesagt – die mit Garigue bedeckten Hügel besonders viel Erfolg. Die meisten Blumen wachsen – im Gegensatz zu den mitteleuropäischen Trockenrasen – nicht auf den sonnendurchglühten Süd- und Süwestseiten, sondern auf den kühleren und etwas feuchteren Nordostseiten. Der Garigue wird man auf fast allen von uns vorgeschlagenen Wanderungen begegnen.

Blühende Garigue vor der Isla Vedra (Wanderung 4)

Im Frühling blühende Zwiebelgewächse der Garigue

z.B. Schweifblatt (links) und *Romulea assumptionis*

Eine der vielen Orchideen: z.B. Pyramidenorchis

Im Vorfrühling blüht die Übersehene Traubenhyazinthe

Auch im Herbst blüht die Garigue: Spätblühende Narzisse und Schmalblättrige Merendera (Wanderung 16)

Die lilafarbenen Büsche des Gezähnten Lavendel sind Charakterpflanzen der Garigue Ibizas

KULTURLAND – BRACHE – BLUMENWIESEN

Während die Garigue der Pityusen vorwiegend in zarten Pastellfarben von Rosa bis Lila blüht, verwöhnt uns das Kulturland mit knalligem Rot, leuchtendem Gelb, Weiß und Blau. Aber was heißt „Kulturland" auf Ibiza? Auch hier finden wir mehr „Natur" als in vielen Natur- und Landschaftsschutzgebieten Mitteleuropas. Das liegt vor allem daran, daß, wie schon erwähnt, die Landwirtschaft extensiv betrieben wird – zum Teil noch ohne Kunstdünger und Herbizide, statt dessen mit langen Brache-Perioden – so daß sich die Natur auch auf den bewirtschafteten Landstrichen immer wieder schnell breit machen kann. Vor allem eine Fahrt durch die Landschaft Ibizas im Frühjahr ist überwältigend. Und bei einem Spaziergang begegnet man neben den vielen Blumen auch interessanten Insekten und einer Vielzahl von

Ibizenkische Landwirtschaft: Feigenbaum an brachliegendem Feld

Das ist ein Getreidefeld: Wildgladiolen und Klatschmohn überwiegen, dahinter Mandelbäume (bei San Juan)

Vögeln: **Wiedehopfe** fliegen über die Äcker, und die bunten **Stieglitze** machen sich oft in Scharen über die Distelsamen her. Von Woche zu Woche und Feld zu Feld wechseln die Farben: Mal sind brachliegende Felder vom roten **Klatschmohn** bedeckt, mal vom hellgelben **Nickenden Sauerklee**, mal von der teils weißen, teils gelben Margeritenart *Chrysanthemum coronarium*, von der man sich auch mal einen Blumenstrauß pflücken darf. Die meterhohen gelben Dolden des **Rutenkrauts** *Ferula communis* überragen die Blumenwiesen. Dazwischen leuchten Apfelsinen und Zitronen in kleinen Plantagen, **Mandel-, Johannisbrot-, Öl-** und **Feigenbäume** bieten den Schafen und Ziegen Schatten.

Auf dem brachliegenden Kulturland wachsen vor allem Wildblumen, die mehr Nährstoffe benötigen, als Felsküsten, Wälder und Garigue bieten können: z.B. auch verschiedene **Malven**, die **Jungfer im Grünen** und die leuchtend blauen Blüten des **Boretsch**, des **Natternkopfes** *Echium plantagineum* und der **Italienischen Ochsenzunge**. Auch eine Reihe von Liliengewächsen findet man im Kulturland – den **Riesenlauch** *Allium ampeloprasum*, den duftenden **Rosenlauch**, die **Schopfige Traubenhyazinthe** und den **Narbonne-Milchstern**, dazu den **Italienischen Aronstab** und viele Korbblütler, z.B. gelb, weiß und rosa blühende Disteln. Dazwischen werden mal Getreidearten (oft durchsetzt mit der wunderschönen **Wildgladiole** *Gladiolus communis*), mal Gemüsearten, mal Wein oder Melonen angebaut. Gleichzeitig greifen Affodilsteppen und Garigue immer wieder ins Kulturland über und schaffen so einen sanften Übergang zu den Naturlandschaften. (Die schönsten Wildblumen des Kulturlandes stellen wir im nächsten Kapitel vor.)

Die verantwortlichen Politiker tun der Wirtschaft der Pityusen einen großen Gefallen, wenn sie durch Subventionen dafür sorgen, daß Landwirtschaft weiter so wie bisher betrieben wird – schon findet man an vielen Stellen häßliche, mit Plastik überdachte Gewächshäuser und sterile, eingezäunte Plantagen mit Monokulturen. Wenn dieser Trend nicht gestoppt wird, wird die Natur Ibizas um Vieles ärmer, und die Attraktivität der Insel geht für einen steigenden Anteil der Touristen verloren. Ibiza ist ein Teil Europas, und in Europa wird schon viel zu viel fade schmeckendes Obst und Gemüse auf Kosten der Natur produziert. Durch besonders abwechslungsreiches Kulturland führen die *Wanderungen 8, 12, 13* und *14*.

Brachliegendes Feld mit Mandelbäumen und der Margeritenart *Chrysanthemum coronarium* (bei San Rafael)

Brachliegendes Feld mit Klatschmohn (bei San Lorenzo)

4. DIE NATUR IBIZAS IM WANDEL DER JAHRESZEITEN

Die Jahreszeiten auf den Pityusen haben eine ganz andere Bedeutung für die Natur als in Mitteleuropa. Während dort im Winter die Vegetation in Kältestarre verfällt und im Frühsommer ihren Höhepunkt erreicht, ist es auf Ibiza mit seinem typischen Mittelmeerklima genau umgekehrt: Hier befinden sich wegen der Hitze und Trockenheit der fast regenlosen Sommermonate Juli und August die meisten Pflanzen in einer Art Hitzestarre. Sofern sie nicht künstlich bewässert werden, trocknen fast alle Kräuter, Blumen und Gräser am Ende des Frühjahrs im Mai und Juni ein, und auch Büsche und Bäume reduzieren ihr Wachstum auf ein Minimum. Einjährige Pflanzen überleben als Samen. Stauden, Zwiebel- und Knollengewächse überdauern im Boden. Wenn dann in Mitteleuropa die Laubfärbung beginnt, gibt es – meistens Mitte September – auf Ibiza die ersten Regenfälle, die die Natur zu neuem Leben erwecken. Plötzlich sieht die ganze Insel anders aus: Der Staub wird von den Blättern der Bäume und Büsche gewaschen, sie wirken wieder satt grün, und überall sprießen Gräser, Kräuter und Blumen. Eine Reihe von Pflanzen beginnt jetzt schon zu blühen – man hat ab Ende September und im Oktober den Eindruck, daß der Frühling gekommen ist. Auch die meisten Blumen (z.B. die Orchideen), die von Februar bis Mai blühen, treiben jetzt schon Blätter aus – sie sammeln den ganzen Winter über Kraft – Wasser und Nährstoffe – für die kurze, heftige Vegetationsperiode im Frühjahr. Allerdings wirkt die Landschaft in den Wintermonaten manchmal noch recht karg. Obwohl es so gut wie nie schneit und es kaum Frost gibt, ist es doch ein wenig kühl und in manchen Jahren zu trocken für üppiges Wachstum. Die laubabwerfenden Bäume wie Mandeln, Feigen und Platanen sind noch kahl. Aber schon Mitte Februar überzieht die Mandelblüte wie Schnee die Kulturlandschaft, und eine Reihe interessanter Blumen beginnt zu blühen. Man kann den Winter als eine Art Erholungspause für Menschen und Pflanzen ansehen. Trotz kühler Nächte gibt es manchmal wochenlang herrliches sonniges Wetter mit Tagestemperaturen um 20 Grad. Die Touristen sind noch nicht da. Ibiza gehört den Einheimischen und der Natur. Im März und vor allem im April erlebt dann die Natur ihren Höhepunkt: Überall blüht es.

Aber schon im Mai sind viele Pflanzen verblüht, sie setzen Früchte an und beginnen sich braun zu färben. Ende Mai auf Ibiza wirkt ein wenig wie Spätsommer und Frühherbst in Mitteleuropa. Und ab Juni kommt wieder Hitze, Trockenheit, Staub und Massentourismus. Aber auch der Sommer auf den Pityusen hat seine Reize für Naturliebhaber – davon später. Die Jahresdurchschnittstemperatur Ibizas beträgt 17,5 Grad C, Formenteras 18 Grad C. Der kälteste Monat – der Januar – hat eine Durchschnittstemperatur von 11,6 Grad C, der August von 25,2 Grad C, und im Jahr gibt es ca. 3000 Sonnenstunden. Das sind – wie gesagt – Durchschnittswerte. Von Jahr zu Jahr gibt es große Schwankungen. So können sich auch die Blühzeiten, die wir in den folgenden Kapiteln angeben, durchaus einmal um mehrere Wochen verschieben.

DER WINTER – DEZEMBER BIS FEBRUAR

Manchmal stürmt und regnet es, aber oft scheint auch die Sonne – sie wärmt, ist aber nicht heiß und blendend wie im Sommer. Die Luft ist dann unglaublich klar. Der Winter auf Ibiza ist eine ruhige, aber schöne Zeit. Das finden offenbar auch viele Vögel: **Seidenreiher, Kormorane** und **Eisvögel** sind oft zu beobachtende Wintergäste in den Salinen Ibizas und dem Salzsee Estany Pudent Formenteras, und hin und wieder überwintern auch einige **Flamingos** auf unseren Inseln. Anfang Dezember kann man noch bei 20 Grad Wassertemperatur im Meer baden. Die ersten Exemplare der kleinen Orchidee *Ophrys fusca* beginnen zu blühen, und in den Wäldern des Nordens und des Südwestens Ibizas rankt die *Clematis cirrhosa* mit ihren großen, gelblich- bis rosaweißen Blütenglocken über Büsche, Bäume und Steine. Im Februar geht es dann schon richtig los: unter den blühenden **Mandeln** färbt der ursprünglich aus Südafrika stammende **Nickende Sauerklee** *Oxalis pes-caprae* ganze Landstriche leuchtend gelb. In den Felsen der Nordwestküste beginnt der **Balearen-Hufeisenklee** (den wir schon im 2. Kapitel vorgestellt haben) zu blühen. In der Nähe alter Fincas findet man dichte Gruppen von **Bukett-Narzissen**

Im Dezember blüht die Waldrebe *Clematis cirrhosa*

Bukett-Narzisse

Die kleinen Blüten des Gezähnten Lavendel

Gezähnter Lavendel

Narcissus tarcetta (die Narzissen wurden früher oft kultiviert und verwilderten dann). Manche Wiesen, aber auch Teile der Garigue sind blaugesprenkelt mit der **Übersehenen Traubenhyazinthe** *Muscari neglectum*. Das Grün der Garigue bekommt Konkurrenz durch zarte Farben: das Hellblau des **Rosmarin** *Rosmarinus officinalis* (schon im Januar) und das lila-blau des **Gezähnten Lavendel** *Lavandula dentata*. Wenn Ende Februar die ersten Lämmer mit ihrem schneeweißen Fell zwischen den Mutterschafen herumstaken und die Apfelsinen und Zitronen zum ersten Mal geerntet werden, blühen auch schon einige besonders schöne Orchideen: außer der **Braunen Ragwurz** *Ophrys fusca* auch das **Hügel-Knabenkraut** *Orchis collina*, die **Mastorchis** *Barlia robertiana* und die **Wespenragwurz** *Ophrys tenthredinifera*. Die Sonne bekommt immer mehr Kraft, es kann tagsüber schon mal heiß werden: der Frühling kommt.

Übersehene Traubenhyazinthe

Rosmarin

DER FRÜHLING – MÄRZ BIS MAI

Im März und im April erlebt die Blütenpracht ihren Höhepunkt. Alles duftet, überall sieht man neugeborene Lämmer bei den Schafherden, Insekten summen, man hört das eigenartige „Up–up" des **Wiedehopfes**, den **Kuckuck** und abends die **Nachtigall** – Vögel, die aus Afrika nach Haus gekommen sind. In den Salinen und im Salzsee Estany Pudent Formenteras kann man rastende **Flamingos, Pupurreiher, Graureiher** und eine Vielzahl anderer Zugvögel beobachten. In der Garigue sind jetzt neben dem **Lavendel** die **Zistrosen** die Stars: am auffälligsten die üppig rosa blühende **Weißliche Zistrose** *Cistus albidus*. Die drei weißen Zistrosenarten der Pi-

Weißliche Zistrose *Cistus albidus*

Salbeiblättrige Zistrose

Montpellier-Zistrose

Clusius-Zistrose

tyusen kann man am einfachsten an den Blättern unterscheiden: die **Clusius-Zistrose** *Cistus clusii* hat schmale spitze Blätter wie der Rosmarin, die **Salbeiblättrige Zistrose** *Cistus salvifolius* hat rundliche, klebrige Blätter, während die **Montpellier-Zistrose** *Cistus monspeliensis* längliche Blätter hat, die sich oft braun verfärben. Unter den Zistrosenbüschen sieht man manchmal eigenartige, leuchtendrote Gebilde – **Zistrosenwürger**. Das sind Verwandte der südostasiatischen Rafflesia (der größten Blume der Welt), die solange auf den Wurzeln der Zistrosen schmarotzen, bis ihre Wirte absterben. Der **Gelbe Zistrosenwürger** *Cytinus hypocistis* wächst nur auf den Wurzeln weißblühender Zistrosen, der **Rotweiße Zistrosenwürger** *Cytinus ruber* nur auf der rosablühenden **Weißlichen Zistrose**. Zwischen Zistrosen und Lavendel leuchten gelbe **Ginsterbüsche**, und häufig stößt man auch auf üppige grüne Blattrosetten, die kindskopfgroßen Zwiebeln Energie zuführen: das sind

Gelber Zistrosenwürger

Rotweißer Zistrosenwürger

Romulea assumptionis

Schön und zum Glück häufig: die Illyrische Gladiole

Romulea columna

Illyrische Gladiole

die Blätter der im Sommer blühenden **Meerzwiebel** *Urginea maritima*. Langsam beleben sich die Straßen der Städte mit Touristen. Ostern gibt es den ersten kurzen Ansturm – vor allem von Touristen vom spanischen Festland, die dort soviel unverfälschte üppige Natur kaum noch erleben können, und die auch die Karfreitagsprozession in Ibizas Altstadt besuchen wollen. Aber schon lange vorher – Anfang März – findet man zwischen den blühenden Büschen der Garigue viele kleine Kostbarkeiten, so z.B. die nur wenige Zentimeter hohen Liliengewächse *Romulea columna* und *Romulea assumptionis*.
Im April kommt dazu die bezaubernde **Illyrische Gladiole** *Gladiolus illyricus* und der **Milchstern** *Ornithogalum gussonei* TEN. sowie im Mai das auf den ersten Blick unscheinbare **Schweifblatt** *Dipcadi serotinum*, die kleine **Rötliche Fetthenne** *Sedum rubens* und die reizvolle **Trübe Levkoje** *Matthiola fruticulosa*.

Rötliche Fetthenne

Schweifblatt

Trübe Levkoje

Das Frühjahr ist auch die große Zeit für die Orchideen der Garigue: schon im März finden wir außer der **Braunen Ragwurz** *Ophrys fusca* auch die **Gelbe Ragwurz** *Ophrys` lutea*, die **Marokkanische Ragwurz** *Ophrys dyris*, den **Grünstendel** *Gennaria diphylla*, die **Männerorchis** *Aceras anthropophorum* und das **Italienische Knabenkraut** *Orchis italica*. Im April ist die Hauptblütezeit von **Bertolonis Ragwurz** *Ophrys bertoloniiformis*, der **Drohnenragwurz** *Ophrys bombyliflora*, der **Spiegel-Ragwurz** *Ophrys ciliata* und der **Schwarzen Ragwurz** *Ophrys incubacea*, und im Mai blühen der **Kleinblütige Zungenstendel** *Serapias parviflora*, das **Duftende Knabenkraut** *Orchis coriophora ssp. fragrans*, die **Bienenragwurz** *Ophrys apifera* und die **Pyramidenorchis** *Anacamptis pyramidalis*. In den Wäldern Ibizas findet man im April die Orchideen **Keuschorchis** *Neotinea maculata* und den **Violetten Dingel** *Limodorum abortivum* (siehe dazu Kapitel 6), das **Balearen-Alpenveilchen** *Cyclamen balearicum*, das wir schon kennen, und die Enzianart **Durchwachsenblättriger Bitterling** *Blackstonia perfoliata* (diese hübsche Blume blüht manchmal bis in den Juni hinein und beweist ihre Flexibilität auch dadurch, daß sie zwischen sechs und zwölf Blütenblätter hat und daß je nach Standort mal 10 cm, mal 80 cm hoch wird). Aber zurück zur Garigue: Im Mai werden weite Teile der Garigue von der im Mittelmeer recht seltenen, nur auf den Pityusen häufigen **Bergminze** *Micromeria inodora* (die auch im Herbst blüht) überzogen. Hin und wieder trifft man auf den **Echten Thymian** *Thymus vulgaris* und fast überall auf große Flächen mit goldgelben **Immortellen** *Helichrysum stoechas* mit ihren beim Zerreiben herb duftenden Blättern.

Eine andere hübsche, relativ seltene Immortelle Ibizas, die *Helichrysum rupestre*, blüht gleichzeitig – aber nur in den Felsen der Nordküste. Ihre Blätter duften nicht – vielleicht weil sie in ihrem Lebensraum keine Schafe und Ziegen abschrecken mußte, vielleicht ist sie aber auch von Weidetieren in allen Landschaften außerhalb der Felsküsten ausgerottet worden. Die Evolution ist schon eine eigenartige Sache. Die Felsküsten im Mai erfreuen uns auch durch eine Reihe von seltenen, zum Teil endemischen Wildblumen, die wir schon im Kapitel 2 vorgestellt haben: z.B. die **Kretische Skabiose**.

Durchwachsenblättriger Bitterling

Immortelle *Helichrysum rupestre*

Gewöhnliche Immortelle *Helichrysum stoechas*

Das Kulturland – die Feld-, Straßen- und Wegesränder, die Blumenwiesen und die brachliegenden Ackerflächen – sind im Frühjahr bis in den Frühsommer hinein ein Paradies für Blumenfreunde. Auf den folgenden Seiten stellen wir eine kleine Auswahl vor.

Schopfige Traubenhyazinthe *Muscari comosum*

Italienische Ochsenzunge

Kretische Königskerze *Verbascum creticum*

Boretsch *Borago officinalis*

Rote Spargelbohne *Tetragonolobus purpureus*

Sizilianische Winde *Convolvulus siculus*

Gemeines Rutenkraut *Ferula communis*

Die Wildgladiole Gemeine Siegwurz *Cladiolus communis*

Wilde Malve *Malva silvestris*

Gekerbte Sommerwurz *Orobanche crenata*

Hundszunge *Cynoglossum cheirifolium*

Kronen-Wucherblume *Chrysanthemum coronarium*, Klatsch-Mohn *Papaver rhoeas, Papaver hybridum, Papaver pinnatifidum* MORIS

Herbst-Adonisröschen *Adonis annua*

Italienischer Aronstab *Arum italicum*

Gauchheil *Anagallis arvensis*

Narbonne-Milchstern *Ornithogalum narbonense*

Riesenlauch *Allium ampeloprasum*

Rosen-Lauch *Allium roseum*

Kleinfrüchtiger Affodil (links) und Röhriger Affodil (rechts)

Auf überweidetem und deshalb nährstoffarmen Kulturland, aber auch auf Felsfluren fallen im ganzen Frühjahr zwei andere, recht häufige Lilienarten auf: der oft 1,5 m hohe **Kleinfrüchtige Affodil** *Asphodelus aestivus* und der relativ zierliche **Röhrige Affodil** *Asphodelus fistulosus*. Relativ selten auf Ibiza ist – ebenfalls auf mageren Felsfluren – die **Kretische Fagonie**

Kretische Fagonie

Röhriger Affodil

Kleinfrüchtiger Affodil

Mittagsschwertlilie

Fagonia cretica, etwas häufiger die seltsame Primelart **Stachelträubchen** *Coris monspeliensis*. An kargen Stellen im Kulturland, an Wegesrändern und auch in der Garigue leuchten die kleinen blauen Gruppen der wunderschönen **Mittagsschwertlilie** *Gynandriris sisyrinchium*, die immer nur wenige Stunden täglich blühen. Der Frühling an den Sandküsten bietet nicht nur trotz oft schönen Wetters leere Strände und erfrischend kühles Badewasser. In den Dünen sind auch hübsche Wildblumen zu finden. Schon im März blühen dort die (bereits im Kapitel 2 vorgestellten) endemischen Pflanzen *Silene cambessedesii*, das **Sonnenröschen** *Helianthemum origanifolium ssp. serrae* und das *Chaenorhinum rubrifolium ssp. formenterae*. Aber auch viele andere Frühjahrsblüher haben bisher auf Ibiza den Touristenansturm an den Stränden überlebt: der **Einjährige Strandstern** *Asteriscus aquaticus*, der **Ausdauernde Strandstern** *Asteriscus maritimus* und die **Strandwinde** *Calystegia soldanella*. Häufig sieht man in den Dünen auch dichte Büschel von bis zu 75 cm langen gedrehten, graugrünen Blättern: das sind die Blätter der im Sommer blühenden **Dünentrichternarzisse** *Pancratium maritimum*.

Gegen Ende des Frühjahrs im Mai gibt es zwar manchmal noch heftige Regenfälle, aber auch schon ausgewachsene Hitzewellen. Alles bereitet sich auf die Hitzemonate vor. Die **Stelzenläufer**, die aus Afrika eingetroffenen bunten **Bienenfresser** und die eigenartig schnarrenden **Ziegenmelker** beginnen zu brüten. Die Schafe werden geschoren, die Wildblumen setzen Früchte an, ihre Blätter verfärben sich gelb und braun. Nach der langen touristischen Pause im Anschluß an den Osterboom wird es Ende Mai langsam wieder voll. Das berühmte Strandleben Ibizas beginnt.

Stachelträubchen

Ausdauernder Strandstern

Strandwinde

DER SOMMER – JUNI BIS AUGUST

Der Sommer – besonders von Juli bis Mitte September – ist die Haupttouristenzeit. Das Nachtleben brodelt, die meisten Strände sind voll, und für Naturbeobachtungen fehlen vielen Besuchern der Insel die Muße, oder es ist ihnen schlicht zu heiß für Wanderungen. Das braune, vertrocknete, staubige Inselinnere ermutigt auch nicht gerade zu irgendwelchen Unternehmungen. Trotzdem lohnt es sich auch im Sommer, der Natur Aufmerksamkeit zu schenken: überwältigende Naturerlebnisse bietet jetzt die reichhaltige Unterwasserwelt der Pityusen. Schnorcheln und Tauchen sind gerade in der grellen Hitze der Sommermonate sehr angenehme Beschäftigungen, und die Unterwasserfauna ist besonders im Juli und August überraschend reizvoll und farbenprächtig – dazu mehr im Kapitel 5. Aber auch auf dem Land gibt es einiges zu sehen – z.B. viele Schmetterlinge und große Käfer. Wenn man früh morgens oder gegen Abend spazierengeht, ist die Hitze kein Problem, und die Landschaft sieht im flachen, warmen Sonnenlicht wunderschön aus. Da bietet sich die Vogelbeobachtung an: der seltene **Eleonorenfalke** ist aus Madagaskar zurückgekehrt, um im Juli zu brüten, und viele interessante Vögel kann man (besonders in den Salinen Ibizas und Formenteras) beobachten – auch dazu verweisen wir wieder auf Kapitel 5.

Das Pflanzenleben ist nicht so tot, wie man es auf den ersten Blick denken mag. Im Juni überzieht der **Kopfige Thymian** *Thymus capitatus*, der den Ibicencos zur Herstellung des einheimischen Likörs Frigola dient, weite Flächen der Garigue mit intensivem Rosa-violett. Im Kulturland blühen jetzt z.B. eindrucksvolle Disteln: die **Wilde Artischocke** *Cynara cardunculus* und die **Spanische Golddistel** *Scolymus hispanicus*. Beide wachsen oft fast 1,5 m hoch. Die himmelblaue **Wegwarte** *Cychorium intybus* findet man häufig am Straßenrand. Den aparten **Kapernstrauch** *Capparis ovata* sucht man am besten an alten Mauern, wo er manchmal kultiviert wird (es gibt ihn aber auch wild).

Ein Lebensraum wird im Sommer erst richtig interessant: ausgetrocknete Fluß- und Bachbetten. Hier hält sich die Feuchtigkeit länger als sonst irgendwo, und hier finden sommerblühende Pflanzen (die es vielleicht in feuchteren Zeitaltern überall auf der Insel gegeben hat) eine letzte Zuflucht vor der Trockenheit. Besonders reichhaltig ist die Flora im Tal des Rio Sta. Eulalia (des einzigen Flusses der Pityusen, der vor einigen Jahrzehnten noch ganzjährig Wasser geführt hat – *Wanderung 14*).

Wilde Artischocke (Kardone)

Kopfiger Thymian

Spanische Golddistel

Kapernstrauch

Kopfiger Thymian

Oleander

Windendes Geißblatt

Brennende Waldrebe

Immergrüne Rose

Stranddistel

Die auffälligsten Flußbettpflanzen sind der wilde **Oleander** *Nerium oleander* und die **Brennende Waldrebe** *Clematis flammula* (neben der im Winter blühenden *Clematis cirrhosa* die andere Clematisart Ibizas). Der **Oleander** wird überall im Mittelmeergebiet (häufig mit gefüllten Blüten) kultiviert und schmückt z.B. die Einfallsstraße nach Ibiza-Stadt und Ibizas Renommierplatz Paseo del Vara del Rey. Ibiza ist aber auch die einzige Balearen-Insel, auf der man den Oleander noch wild an seinem natürlichem Standort – nämlich ausgetrockneten Flußbetten wie dem Rio Sta. Eulalia – finden kann. Die **Brennende Waldrebe** überzieht oft ganze Gehölze, Böschungen und Mauern, so daß man an eine Schneelandschaft erinnert wird. Einige weitere Sommerblüher der Flußbetten sind die **Immergrüne Rose** *Rosa sempervirens*, die **Ulmenblättrige Brombeere** *Rubus ulmifolium* und das **Windende Geißblatt** *Lonicera implexa*. Auch die seltene gelbe **Flockenblume** *Centaurea collina* (vgl. Kapitel 2) kann man mit Glück im Sommer in der Nähe des Rio Sta. Eulalia finden.

Der Sommer bietet noch einen weiteren überraschenden Lebensraum für Pflanzen: die Strände! Mitten zwischen dem Touristengedränge an den beliebtesten Badestränden Playa d'en Bossa, Es Cavallet und Playa Salinas *(Wanderung 1)* ragen die bis 10 cm großen, duftenden weißen Blüten der **Pankrazlilie** oder **Dünentrichternarzisse** *Pancratium maritimum* (der größten der vier Narzissenarten Ibizas) aus dem Sand. Die langen, gedrehten Blätter sind meistens schon abgestorben. Auch die **Strandwolfsmilch** *Euphorbia paralias* ist im Juli zu finden, und die in Deutschland vom Aussterben bedrohte, bis 60 cm hohe **Stranddistel** *Eryngium maritimum* blüht hier noch häufig – zum Leidwesen der Strandläufer, deren Füße im Herbst mit ihren trockenen Stacheln Bekanntschaft machen.

Den ganzen Sommer über kann man im Südosten der Insel vereinzelt blühende Exemplare des **Balearen-Johanniskrauts** finden, und in den Felsspalten der Nordküste blüht das seltene **Löwenmaul** *Chaenorhinum origanifolium* (L.) ssp. *crassifolium* (vgl. Kapitel 2). Der Sommerstar der Garigue ist jedoch die **Meerzwiebel**: vom Juli bis September ragen an vielen Stellen die bis 1,50 m hohen Blütensäulen der **Meerzwiebel** *Urginea maritima* aus dem trockenen Boden (die Blätter sind längst verdorrt). Die Meerzwiebel ist übrigens (wie auch der **Oleander** und viele andere Pflanzen Ibizas) recht giftig – ihre Zwiebelschuppen werden in Herzmitteln verwendet.

Einen seltsamen Kontrast zur braun-gelben Sommerlandschaft Ibizas bieten die Gärten der Städte und Dörfer. Durch künstliche Bewässerung können sich dort vor allem die aus den Tropen eingeführten Zierpflanzen üppig entfalten. Besonders fällt der über und über lila oder rot gefärbte, bis 10 m hohe Baum **Bougainville** *Bougainvillia glabra* auf. Er stammt aus Brasilien und schmückt viele Häuser Ibizas und Formenteras.

Der Sommer geht langsam dem Ende zu. Mandeln, Feigen und Melonen werden geerntet. Alle – außer den Badeurlaubern – freuen sich auf den ersten großen Regen.

Meerzwiebel

Dünentrichternarzisse (Pankrazlilie)

DER HERBST – SEPTEMBER BIS NOVEMBER

Im September, manchmal aber auch erst Mitte Oktober ist es dann soweit: die ersten Regenfälle erwecken die Natur zu neuem Leben. Gleichzeitig verlassen die meisten Touristen die Insel, aber richtig ruhig wird es erst ab Ende Oktober. Bis dahin herrschen auch noch angenehme Badetemperaturen. Im Laufe des Herbstes treffen in den Salinen Ibizas und Formenteras **Flamingos, Seidenreiher** und **Graureiher** ein *(Wanderung 2 und 17)*. Der **Eleonorenfalke** macht Jagd auf Zugvögel, um seine Brut aufzuziehen (bevor er dann im Oktober wieder in seine Winterheimat Madagaskar aufbricht). Auf dem Lande beginnt die Johannisbrot- und die Ölbaumernte. Und in etwas feuchteren Waldgebieten kann man die Orchidee **Herbst-Drehwurz** *Spiranthes spiralis* finden und den seltenen **Erdbeerbaumfalter** an den reifen Früchten des **Erdbeerbaums** *Arbutus unedo* entdecken.

Im Unterholz der Wälder und in der Garigue beginnt jetzt die Hauptblütezeit der **Vielblütigen Heide** *Erica multiflora*, die mehrere Meter

Vielblütige Heide

Bergminze

Krummstab

Urginea fugax MORIS

Strauchiges Veilchen

Schmalblättrige Merendera

hoch werden kann, des **Rosmarins** *Rosmarinus officinalis* und der bodendeckenden **Bergminze** *Micromeria inodora*. An fast allen feuchteren Stellen der Garigue recken sich die eigenartigen, an tropische Frauenschuhorchideen erinnernden Blütenkelche der Aronstabart **Krummstab** *Arisarum vulgare* (der einzige einheimische Verwandte des **Italienischen Aronstabs**) aus der Erde. Dazwischen blüht das **Strauchige Veilchen** *Viola arborescens*. (Alle diese Pflanzen haben auch schon einmal im Frühjahr geblüht.)

Einige Wochen nach den ersten ausgiebigen Regenfällen – meistens Anfang bis Mitte Oktober – kann man die botanischen Raritäten *Narcissus elegans*, *Scilla numidica* und *Allium eivissanum* entdecken – wir haben sie im Kapitel 2 vorgestellt. Ebenfalls recht selten – auf kargen Garigue-Stellen im Inselinnern – ist eine winzige Verwandte der meterhohen **Meerzwiebel** zu finden: die *Urginea fugax MORIS*. Sie gibt es sonst nur in Korsika, Sardinien, Apulien und Nordwestafrika. Die wohl hübschesten Blumen der herbstlichen Garigue wachsen (manchmal zusammen) vor allem auf offenen und relativ trockenen Stellen – auf Formentera häufiger als auf Ibiza: die zierliche, intensiv duftende **Spätblühende Narzisse** *Narcissus serotinus* (die man z.B. auf den *Wanderungen 2, 5, 15* und *16* finden kann) und die an Herbstzeitlosen erinnernde **Schmalblättrige Merendera** *Merendera filifolia* (besonders *Wanderung 16*). Eine kleine Kostbarkeit ist auch die sonst seltene, aber in der Garigue der Pityusen recht verbreitete Lilienart **Herbstblaustern** *Scilla optusifolia*.

Die Tage werden jetzt kürzer, die Nächte kälter. Feigen- und Mandelbäume haben ihr Laub abgeworfen. Es gibt hin und wieder dichten Frühnebel und gelegentlich schwere Stürme. Der ibizenkische Winter kommt, und alles beginnt von vorn.

Spätblühende Narzisse

Herbstblaustern *Scilla optusifolia*

5. DIE TIERWELT IBIZAS UND FORMENTERAS

Die Entwicklung der Tierwelt der Pityusen ist typisch für Inseln: durch die isolierte Lage konnten sich nur wenige Tierarten überhaupt auf Ibiza ansiedeln (seit 5 Millionen Jahren gibt es keine Landbrücke zum Festland mehr). Wenn sich dann die Lebensbedingungen änderten, wenn z.B. das Klima wechselte oder das Flachland überflutet wurde, hatten die Tiere kaum die Chance, in günstigere Gegenden abzuwandern. So starben viele Tierarten auf den Inseln aus. Dann kamen die Menschen und machten sich die Erde untertan, d.h. sie aßen die Tiere, die ihnen schmeckten. Das verschärfte das Problem: da keine ausreichenden Fluchtmöglichkeiten bestanden, wurden weitere Tierarten ausgerottet. Deshalb ist die heutige Tierwelt der Pityusen (zumindest was die Säugetiere betrifft) vergleichsweise artenarm, und viele der noch existierenden Arten sind gefährdet.

Allerdings haben die Menschen auch einige Tierarten erst auf der Insel eingeführt – versehentlich oder z.B., um jagbares Wild zu erhalten.

In vortouristischen Zeiten war das notwendig: um nicht zu verhungern, konnten die Ibicencos es sich nicht leisten, irgend etwas Eßbares zu verschmähen. Jetzt haben sie genug zu essen. Aber allein in den Jahren 1976 bis 1981 hat sich die Zahl der lizensierten Jäger auf Ibiza um 16,5 % erhöht. Auf jeden Quadratkilometer (incl. Äcker, Gärten, Straßen und Städte) kommen inzwischen mehr als vier eingetragene Jäger! Wenn am 1. Oktober die Jagdsaison beginnt, hört man es überall auf den Hügeln knallen, und durch die Garigue streifen Trupps von Jägern mit Hundemeuten (oft gehören die Hunde zur uralten Hunderasse Podenco ibicenco). Relativ verbreitet und dazu schmackhaft sind zur Zeit noch **Rothühner** (sie haben nur aufgrund ständigen Nachschubs vom Festland überlebt), **Wachteln** und **Wildkaninchen**. D.h. aber nicht, daß nur diese Tiere gejagt werden: die Ibicencos sind erstaunlich flexibel. Sie schießen auf alles, was sich bewegt.

Die Auswirkungen auf die Fauna der Inseln kann man sich vorstellen – **Steinmarder** und **Feldhase** z.B. sind erst in den letzten Jahrzehnten ausgestorben; viele andere Tiere, z.B. Singvögel und die seltenen **Fischadler, Eleonorenfalken** und **Korallenmöwen** werden nach wie vor bejagt. 1981 wurden in den Salinen 4 **Flamingos** geschossen – obwohl sie unter Schutz stehen. Versuche, die Jagd auf den Inseln etwas mehr zu kontrollieren, stießen bisher auf den erbitterten Widerstand der Gemeinderäte.

Die Motive für die Jagdleidenschaft darf man raten: es handelt sich um ein Männervergnügen, nur 0,5 % aller eingetragenen Jäger sind Frauen.

Eine weitere Bedrohung für die einheimische Tierwelt resultiert aus der mit dem Tourismus verbundenen Bevölkerungsexplosion und daraus, daß Bau- und Verkehrsplanung auf die Natur kaum Rücksicht nimmt: immer mehr Lebensräume werden verkleinert, gefährdet oder vernichtet.

Trotz alledem gibt es auf den Pityusen noch eine Vielzahl interessanter Tiere zu beobachten. Besonders reichhaltig und faszinierend ist die Vogelwelt – hier erweist sich die Insellage als Vorteil. Erstaunlicherweise wächst seit einigen Jahren sogar die Zahl besonders der seltenen Vögel, die auf unseren Inseln rasten und zum Teil auch brüten. Diese auf den ersten Blick erfreuliche Entwicklung bedeutet aber nicht, daß verstärkte Naturschutzbemühungen hier überflüssig geworden wären. Das Gegenteil ist der Fall: die Zerstörung von Lebensräumen auf dem Festland und auf anderen Inseln ist schon so weit vorangeschritten, daß vielen Vögeln nichts anderes übrig bleibt, als die Risiken und Einschränkungen auf den Pityusen in kauf zu nehmen. Um so wichtiger ist es für ganz Europa, daß die inzwischen kostbar gewordenen Lebensräume Ibizas und Formenteras konsequent geschützt werden.

Die meisten Landtiere der Pityusen wurden von den Menschen eingeführt. Die Pityusen-Eidechse ist jedoch ein echter Ureinwohner Ibizas.

DIE SÄUGETIERE: ZUM BEISPIEL GINSTERKATZEN UND GARTENSCHLÄFER

Die Insellage hat naturgemäß besondere Nachteile für Säugetiere. Es gibt hier nur wenige Arten. Die Inseln blieben nicht verschont von der bräunlichen **Wanderratte** *Rattus norvegicus*, der **Hausratte** *Rattus rattus*, der insektenfressenden und deshalb als nützlich geltenden **Spitzmaus** *Crocidura russula*, der niedlichen **Waldmaus** *Apodemus sylvaticus* sowie der **Heckenhausmaus** *Mus spretus* und der **Hausmaus** *Mus musculus*. Einigermaßen häufig sind außerdem neben verschiedenen Fledermausarten nur noch die aus Afrika stammenden **Wildkaninchen** *Oryctolagus cuniculus* und **Wanderigel** *Erinaceus algirus*. Die Igel Ibizas sind etwas kleiner und heller gefärbt als die mitteleuropäischen Igel. Möglicherweise sind Igel und Kaninchen vor über 5 Millionen Jahren über die damals bestehenden Landbrücken eingewandert. Wahrscheinlicher ist jedoch, daß sie irgendwann – wie wohl alle anderen heute auf Ibiza lebenden Landsäugetiere – von Menschen auf die Inseln gebracht wurden.

Eines der hübschesten (und gefährdetsten) Nagetiere überhaupt ist der **Gartenschläfer** *Eliomys quercinus ophiusae*. Diese Unterart gibt es auf der Welt nur auf Formentera – und sie ist gleichzeitig die größte Gartenschläfer-Unterart der Welt. Der Gartenschläfer besitzt eine rötlich graubraune Oberseite, eine weiße Unterseite, eine schwarze Gesichtsmaske und eine auffällige schwarzweiße Quaste am Ende seines langen Schwanzes. Bis vor einigen Jahren gab es Gartenschläfer auch auf Ibiza – aus unbekannten Gründen sind sie dort aber ausgestorben.

Das exotischste Säugetier Ibizas ist eindeutig die **Ginsterkatze** *Genetta genetta isabelae* – auch hier wieder durch eine nur auf Ibiza existierende, diesmal im Vergleich zu anderen Ginsterkatzen etwas kleinere Unterart vertreten. Diese scheuen Tiere bekommt man leider so gut wie nie zu sehen – wir haben nur einmal Ginsterkatzenkot in den Wäldern um San Juan gefunden. Die Raubkatzen verstecken sich tagsüber in Baumhöhlen und Astgabeln und gehen erst nachts auf die Jagd nach Mäusen und anderem Kleingetier – mit weit abgestrecktem Schwanz. Die Ginsterkatzen sollen sehr elegant wirken – knapp 1 m lang, davon mehr als die Hälfte nur buschiger, geringelter Schwanz, sehr große Augen und Ohren und eine spitze, scharfzähnige Schnauze. Das Fell ist hellbraun mit schwarzen Streifen und Flecken. Die Phönizier haben vor langer Zeit Ginsterkatzen als Haustiere gehalten – so sind sie wohl aus Afrika auf die Insel gekommen.

Mit Glück bekommt man auch ein anderes, allerdings weit verbreiteteres Säugetier zu Gesicht: gelegentlich wird die Fähre von Ibiza nach Formentera von **Delphinen** *Delphinus delphis* (mit spitzen Schnauzen) und fast 3 m langen **Tümmlern** *Tursiops truncatus* (mit stumpfen Schnauzen) besucht.

Das waren alle wildlebenden Säugetiere der Pityusen – abgesehen von verwilderten (gewöhnlich sanftmütigen) Hunden und Katzen und den scheuen Ziegen, die schon seit Jahrhunderten ohne menschliche „Betreuung" auf der Isla Vedra und dem Cabo Berberia auf Formentera leben. Noch vor einigen Jahrzehnten gab es an mehreren Felsküsten Ibizas Kolonien der bis zu 3 m langen **Mönchsrobbe** *Monachus monachus*, in den Wäldern jagte der **Steinmarder** *Martes foina*, und über die Garigue hoppelte der **Feldhase** *Lepus capensis*. Wohl vor allem dank der Jagdleidenschaft der Ibicencos sind diese Tiere heute von den Pityusen verschwunden.

DIE VÖGEL: ZUM BEISPIEL WIEDEHOPFE UND FLAMINGOS

Ganz anders als bei den Säugetieren sieht es bei den Vögeln aus: hier treffen wir im Laufe des Jahres auf eine überwältigende Vielfalt. Die Insellage ist oft kein Hindernis, die Lebensräume sind sehr vielfältig, das Klima angenehm, und besonders die Salinen Ibizas und Formenteras, aber auch die Gebiete im Inselinnern bieten sich als idealer Rastplatz auf dem langen Weg von Europa nach Afrika und zurück an. Einige Hinweise auf das, was man wann wo beobachten kann, haben wir schon im Kapitel 4 im Zusammenhang mit der Schilderung der Jahreszeiten gegeben.

Eine Beschreibung der einzelnen Vogelarten würde den Rahmen dieses Buches sprengen – dazu gibt es genug gute Bestimmungsbücher. Statt dessen stellen wir – geordnet nach Familien und ergänzt um einige Beobachtungstips und, wenn möglich, um die ibizenkischen Namen (in Klammern) – alle auf den Pityusen regelmäßig vorkommenden Vögel vor. Dabei stützen wir uns auf verschiedene Veröffentlichungen zur Vogelwelt der Balearen und auf eigene Beobachtungen.

Die größten Vögel Europas: Flamingos

Familie Lappentaucher: Der **Zwergtaucher** *Tachybaptus ruficollis* taucht gelegentlich als Wintergast auf. Auch der **Schwarzhalstaucher** *Podiceps nigricollis* (Aneda cabussonera) ist ein Wintergast in den Salinen. Auf Formentera werden regelmäßig riesige Schwärme beobachtet.

Familie Sturmvögel: Der **Gelbschnabel-Sturmtaucher** *Calonectris diomedea* (Baldritja) brütet auf unseren Inseln und ist an den Küsten das ganze Jahr hindurch zu beobachten. Der **Schwarzschnabel-Sturmtaucher** *Puffinus puffinus* (Virot) war früher recht häufig. Jetzt ist er bedroht, weil seine Nester in den Steilküsten von "Jägern" ausgeraubt werden. Am besten kann man ihn von November bis Juni beobachten.

Familie Sturmschwalben: Die **Sturmschwalbe** *Hydrobates pelagicus* (Paio) ist das ganze Jahr hindurch zu beobachten und brütet auf den Pityusen.

Familie Tölpel: Der **Baßtölpel** *Sula bassana* (Càgano) erscheint im Winter auf der Isla Vedra und einigen anderen vorgelagerten Felseninseln.

Familie Kormorane: Der **Kormoran** *Phalacrocorax carbo* (Corb marí gros) ist regelmäßig im Winter an den Salinen und den Inseln Vedra und Vedranell sowie Ses Bledes zu sehen. Ein Brutvogel unserer Inseln und ganzjährlich zu beobachten ist die **Krähenscharbe** *Phalacrocorax aristotelis* (Corb marí).

Familie Reiher: Der **Nachtreiher** *Nycticorax nycticorax* (Martinet) taucht besonders im März an den Salinen auf. Der **Seidenreiher** *Egretta garzetta* (Garseta blanca) ist der häufigste Reiher der Pityusen: besonders im Winter in den Salinen. Der **Silberreiher** *Egretta alba* (Agró blanc gros) überwintert ebenfalls – allerdings sehr viel seltener – in den Salinen Ibizas und Formenteras. Vorwiegend im Winter, aber auch hin und wieder zu anderen Jahreszeiten ist der **Graureiher** *Ardea cinerae* (Agró) zu sehen. Im Frühjahr begegnet man auch manchmal dem **Pupurreiher** *Ardea purpurea* (Garsa reial).

Familie Flamingos: Im März/April vor allem aber im Herbst rasten regelmäßig größere oder kleinere Gruppen von **Flamingos** *Phoenicopterus ruber* (Flamenc) in den Salinen der Pityusen auf ihrem Weg zwischen Südfrankreich und Afrika. Im Herbst 1989 hielten sich 15 Exemplare vom September bis November auf Ibiza auf, im Herbst 1990 zwölf Exemplare. Ende des letzten Jahrhunderts waren die Flamingos noch Brutvögel in den Salinen und im Estany Pudent auf Formentera. Wohl dank der einheimischen Jäger können wir sie jetzt nur noch auf den Durchzug bewundern.

Familie Entenvögel: Die **Graugans** *Anser Anser* (Oca salvatge) überwintert hin und wieder in den Salinen und auf offenem Land. Die **Brandgans** *Tadorna tadorna* (Adena blanca) wird in der Literatur nicht als Brutvogel auf unseren Inseln angegeben, sondern nur als Winter-Irrgast. Im Frühjahr 1989 haben wir jedoch in den Salinen ein Paar beobachtet, das seine Brut dort großgezogen hat. Das Weibchen starb dann – vermutlich, weil es etwas falsches gefressen hatte. 1990 haben keine Brandgänse auf Ibiza mehr gebrütet. Die **Krickente** *Anas crecca* (Sorçó d'hivern) ist im Winter in den Salinen sehr häufig. Ein etwas seltenerer Wintergast ist die **Stockente** *Anas platyrhynchos* (Coll verd). Noch einige weitere Entenarten sind Wintergäste auf den Pityusen: die **Spießente** *Anas acuta* (Adena coa llarga) die **Knäkente** *Anas querquedula* (Sorçó), die **Löffelente** *Anas clypeata* und die **Tafelente** *Aythya ferina* (Cap vermell).

Familie Greife: Der **Rotmilan** *Milvus milvus* (Milà) ist selten als Durchzügler zu sehen, ebenso wie der **Schmutzgeier** *Neophron percnopterus*, die **Rohrweihe** *Circus aeruginosus* (Arpella), die **Kornweihe** *Circus cyaneus* und die **Wiesenweihe** *Circus pygargus*.

Familie Fischadler: Einer der eindruckvollsten Vögel der Salinen ist der **Fischadler** *Panion haliaethus* (Aguila peixera). Er ist ganzjährig in den Salinen zu sehen, hat früher mit Sicherheit dort gebrütet, ist aber sehr durch Jäger bedroht. Neuere Brutnachweise fehlen. Im Winter und im Frühjahr besteht die beste Beobachtungschance, weil dann auch Wintergäste kommen.

Familie Falken: Der **Turmfalke** *Falco tinnunculus* (Xoriguer) ist sehr häufig überall auf Ibiza zu sehen und fällt durch seinen eigenartigen Rüttelflug auf. Weltweit gibt es nur 4400 Exemplare des schönen **Eleonorenfalken** *Falco eleonorae* (Falcó torter). Auf Ibiza brüten nahe der Südwestküste ca. 80 Paare in Kolonien. Im Mai und Juni kommen die Eleonorenfalken aus ihrem Winterquartier in Madagaskar auf die Pityusen, um im Juli/August zu brüten und die Jungvögel im Herbst großzuziehen (im September kommen viele Kleinvögel durch Ibiza – sie bilden die Grundlage für die Ernährung der Falkenküken). Im September brechen die Eleonorenfalken wieder nach Madagaskar auf. Der **Wanderfalke** *Falco peregrinus* (Falcó reial) brütet u.a. in den Felsküsten von Tagomago, Cap Numó und anderen Felseninseln. Auf Ibiza ist er besonders gefährdet durch Jagd und durch den illegalen Handel mit Küken und Eiern.

Familie Hühnervögel: Das **Rothuhn** *Alectoris rufa* (Perdiu roja) war ursprünglich sehr häufig, wurde jedoch so intensiv bejagt, daß es ohne ständigen Nachschub vom Festland schon ausgestorben wäre. Auf Ibiza gibt es eine besonders große Unterart, die wir z.B. in den Wäldern um San Juan beobachtet haben. Auch die **Wachtel** *Coturnix coturnix* (Guàtlera), die sich besonders im Frühjahr und im Sommer im Landesinnern aufhält, wird so intensiv bejagt, daß ihre Zahl stark abnimmt.

Familie Rallen: Die **Wasserralle** *Rallus aquaticus* (Risclò) ist auf den Pityusen recht selten, ebenso das **Teichhuhn** *Gallinula chloropus* (Polla d'aigua) und das **Kammbläßhuhn** *Fulica cristata*. Im Winter kann man das **Bläßhuhn** *Fulica atra* (Fotja) dagegen in den Salinen häufiger antreffen.

Familie Austernfischer: Der **Austernfischer** *Haematopus ostralegus* ist hin und wieder als Durchzügler zu beobachten.

Familie Stelzenläufer: Der **Stelzenläufer** *Himantopus himantopus* (Xerraire) ist ein recht häufiger Sommervogel in den Salinen Ibizas, wo er auch brütet. Kleine Gruppen des **Säbelschnäblers** *Recurvirostra avosetta* (Bec d'alena) tauchen regelmäßig im Winter am Estany Pudent Formenteras auf.

Familie Triele: Der **Triel** *Burhinus oedicnemus* (Xabel·lí) hält sich das ganze Jahr über auf den Pityusen auf, ist aber wegen seiner Schwerfälligkeit besonders oft das Opfer von Jägern und deshalb auf Ibiza vom Aussterben bedroht.

Familie Regenpfeifer: Der **Kiebitz** *Vanellus vanellus* (Juia) hält sich gerne im Winter in größeren Schwärmen auf den Feldern und Landebahnen am Flughafen Ibizas auf. Weitere Regenpfeifer (die in der Regel nur als Durchzügler oder Wintergäste zu beobachten sind) sind der **Flußregenpfeifer** *Charadrius dubius* (Picaplatges petit), der **Sandregenpfeifer** *Charadrius hiaticula* (Picaplatges gros), der **Seeregenpfeifer** *Charadrius alexandrinus* (Picaplatges cama negra), der **Goldregenpfeifer** *Pluvialis apricaria* und der **Kiebitzregenpfeifer** *Pluvialis squatarola*.

Familie Schnepfenvögel: Die meisten Schnepfenvogelarten lassen sich als Durchzügler im Frühjahr in den Salinen und im Estany Pudent Formenteras beobachten, so z.B. der **Knutt** *Calidris canutus* (Xabel·lí d'aigua), der **Zwergstrandläufer** *Calidris minuta* (Xabel·lí petit), der **Sichelstrandläufer** *Calidris ferruginea* (Xabel·lí bec-llarg – auch im August), der **Alpenstrandläufer** *Calidris alpina* (Xabel·lí de mar variant – auch im Herbst und Winter), der **Kampfläufer** *Philomachus pugnax* (häufiger auf Formentera als auf Ibiza), die **Uferschnepfe** *Limosa limosa* (selten), der **Regenbrachvogel** *Numenius phaeopus* (ebenfalls selten), der **Dunkelwasserläufer** *Tringa erythropus*, der **Grünschenkel** *Tringa nebularia* (auch im August), der **Waldwasserläufer** *Tringa ochropus* (Becassinetta), der **Bruchwasserläufer** *Tringa glareola* und der **Steinwälzer** *Arenaria interpres* (recht häufig im Frühjahr, seltener im Herbst, vor allem auf Formentera). Häufige Wintergäste sind die **Zwergschnepfe** *Lymnocryptes minimus* (Becassí petit), die **Bekassine** *Gallinago gallinago* (Becassí), der **Große Brachvogel** *Numenius arquata* (recht selten) und der **Rotschenkel** *Tringa totanus* (häufiger in Formentera). Auch der **Flußuferläufer** *Actitis hypoleucos* (Polleta d'aigua) ist ein häufiger Wintergast, möglicherweise aber auch Brutvogel in den Salinen Formenteras. Nur die **Waldschnepfe** *Scolopax rusticola* (Cega) hält sich nicht in den Salinen und Salzseen auf, sondern im Winter in den Wäldern Ibizas. Sie war ursprünglich sehr häufig, ist jedoch selten geworden, weil sie intensiv bejagt wird.

Familie Raubmöwen: Mit Glück kann man die scheue und nicht sehr häufige **Skua** *Stercorarius skua* auf den Pityusen beobachten.

Familie Möwen: Die für den Vogelfreund interessanteste Möwenart ist die **Korallenmöwe** *Larus audouinii* (Gavina de bec roig). Sie ist wohl die seltenste Möwenart der Welt. Man kann sie das ganze Jahr über an Felsküsten der Pityusen beobachten. Bei der letzten Kontrolle wurden 70 Brutpaare in den Felsküsten im Südwesten Ibizas und der Isla Vedra gezählt. Recht häufig von Oktober bis April ist die **Lachmöwe** *Larus ridibundus* (Catràs). Die häufigste Möwe der Pityusen ist die **Silbermöwe** *Larus argentatus* (Gavina). Hin und wieder verirren sich auch **Sturmmöwen** *Larus canus* nach Ibiza.

Häufige Wintergäste in den Salinen Ibizas: Seidenreiher

Flamingos erholen sich auf dem Weg nach Afrika in den Salinen

Familie Seeschwalben: Im Frühjahr und im Herbst kann man (als Durchzügler) verschiedene Seeschwalben beobachten: die **Brandseeschwalbe** *Sterna sandvicensis* (auch im Winter), die **Flußseeschwalbe** *Sterna hirundo*, die **Zwergseeschwalbe** *Sterna albifrons* und die **Trauerseeschwalbe** *Chlidonias niger*.

Familie Alken: Mit viel Glück kann man im Winter auf den Pityusen den **Tordalk** *Alca torda* entdecken.

Familie Tauben: Drei Taubenarten besuchen die Pityusen: die **Felsentaube** *Columba livia* (Colom salvatge), die **Ringeltaube** *Columba palumbus* (Torcaç) und die **Turteltaube** *Streptopelia turtur* (Torta), die auch auf den Inseln brütet und besonders im Frühjahr und im Spätherbst recht häufig zu sehen ist.

Familie Kuckucke: Besonders oft hört man im Frühling den Ruf des **Kuckucks** *Cuculus canorus* (Cucut). Er brütet auf Ibiza, verbringt jedoch die Zeit zwischen September und April in Afrika.

Familie Eulen: Die bekannteste Eule Ibizas ist die **Schleiereule** *Tyto alba* (Obila). Sie brütet auch auf unseren Inseln. Im Lauf der Jahrtausende hat sich eine schöne, weiße Unterart entwickelt. In alten Olivenbäumen findet man recht häufig die **Zwergohreule** *Otus cops* (Olibassa), wo sie gerne brütet. Ein seltener Wintergast ist die **Sumpfohreule** *Asio flammeus*.

Familie Nachtschwalben: Der nachtaktive **Ziegenmelker** *Caprimulgus europaeus* (Cap d'olla) versucht das Weibchen durch monotones Schnurren zu betören. Am besten hört man ihn zwischen Mai und August.

Familie Segler: Brutvögel sind der **Mauersegler** *Apus apus* (Falzia – sehr häufig) und der **Fahlsegler** *Apus pallidus*. Ein seltener Durchzügler ist der **Alpensegler** *Apus melba* (Falzia reial).

Familie Eisvögel: Der **Eisvogel** *Alcedo atthis* (Blauet) ist im Winter einigermaßen häufig an den Salinen und an der Küste zu beobachten. Leider wird auch er bejagt.

Familie Spinte: Mitte April ist die Hauptdurchzugzeit des bunten **Bienenfressers** *Merops apiaster* (Abellerol) auf Ibiza und Formentera. Er brütet unregelmäßig auf unseren Inseln – wahrscheinlich vor allem in der Nähe von Playa San Miguel. Wir haben Schwärme auch östlich von San Rafael und im Kulturland zwischen San Lorenzo und San Juan *(Wanderung 12)* beobachtet.

Familie Racken: Die **Blauracke** *Coracias garrulus* ist ein seltener Gast zur Zugzeit oder im Winter.

Familie Wiedehopfe: Der **Wiedehopf** *Upupa epops* (Peput) ist das ganze Jahr über auf Ibiza und noch häufiger auf Formentera, besonders häufig aber während der Zugzeit im Frühjahr und im Herbst zu beobachten – meistens flach über die Felder fliegend.

Familie Wendehälse: In alten Johannisbrotbäumen brütet der **Wendehals** *Jynx torquilla* (Llengut). Neben den Brutvögeln gibt es auch Wintergäste und im April Durchzügler.

Familie Lerchen: Die **Kurzzehenlerche** *Calandrella cinerea* (Terrol·la cap pla) ist die häufigste Lerche der Pityusen und brütet dort auch, ebenso wie die **Theklalerche** *Galerida theklae* (Terrol·la capelluda). Die **Feldlerche** *Alauda arvensis* (Terrol·la) ist ein häufiger Wintergast und Durchzügler.

Familie Schwalben: Die häufigsten Schwalben Ibizas sind die **Rauchschwalbe** *Hirundo rustica* (Orenella) und die **Mehlschwalbe** *Delichon urbica* (Orenella de cul blanc – fehlt auf Formentera). Beide Arten verbringen den Sommer auf Ibiza und brüten dort. Auf dem Durchzug sieht man relativ selten die **Uferschwalbe** *Riparia riparia* (Orenella de vorera), und die **Felsenschwalbe** *Ptyonoprogne rupestris* (Orenella de roca) ist vor allem im Winter in den Salinen häufig.

Familie Stelzen: Häufige Wintergäste sind die **Bachstelze** *Motacilla alba* (Titina) und der **Wiesenpieper** *Anthus pratensis* (Titina borda). Seltener überwintern die **Gebirgsstelze** *Motacilla cinerea* (Titina de la Mare de Déu) und der **Wasserpieper** *Anthus spinoletta*. Brutvögel sind **Brachpieper** *Anthus campestris* (Titina borda d'es camp) und die **Schafstelze** *Motacilla flava* (Titina groga). Zur Zugzeit sieht man auch hin und wieder den **Baumpieper** *Anthus trivialis* (Titina borda d'es arbres).

Die Samtkopfgrasmücke schätzt die Früchte des Feigenkaktus

Noch oft zu beobachten: Der Wiedehopf

Brutvogel auf Ibiza: der Stelzenläufer

Die Silbermöwe ist die häufigste Möwe der Pityusen

Familie Zaunkönige: Der **Zaunkönig** *Troglodytes troglodytes* (Satgeta) ist ein seltener Wintergast auf den Pityusen, evtl. brütet er auch dort.

Familie Sänger: Ein häufiger Sommervogel ist die **Nachtigall** *Luscinia megarhynchos* (Rossinyol). Im Sommer kann man auch den **Grauschnäpper** *Muscicapa striata* (Papamosques) und den **Steinschmätzer** *Oenanthe oenanthe* (Coa-blanca) beobachten. Der Steinschmätzer brütet von Ausnahmen abgesehen außer auf Ibiza auf keiner anderen Balearen-Insel. Im Winter sieht man häufig **Rotkehlchen** *Erithacus rubecula* (Garatxet-roig), **Hausrotschwänze** *Phoenicurus ochrurus* (Coa-roja), **Misteldrosseln** *Turdus viscivorus* (Tord griva), **Amseln** *Turdus merula* (Mèl·lera) und die viel bejagten **Singdrosseln** *Turdus philomelos* (Tord). Als Durchzügler im Frühjahr und im Herbst besuchen die Pityusen **Trauerschnäpper** *Ficedula hypoleuca* (Papamosques negre), **Gartenrotschwänze** *Phoenicurus phoenicurus* (Coa-roja reial), **Braunkehlchen** *Saxicola rubetra* (Cagamànecs barba-roja) und (selten) **Steinrötel** *Monticola saxatilis* (Tord roquer). Das ganze Jahr über lebt das **Schwarzkehlchen** *Saxicola torquata* (Cagamànecs) und die häufige **Blaumerle** *Monticola solitarius* (Mèl·lera blava) auf den Inseln.

Familie Grasmücken: **Cistensänger** *Cisticola juncidis*, **Seidensänger** *Cettia cetti*, **Sardengrasmücken** *Sylvia sarda* (Enganyapastors coa-llarga) und **Samtkopfgrasmücken** *Sylvia melanocephala* (Enganyapastors de cap negre) sind das ganze Jahr über auf den Inseln zu beobachten. Im Frühling und im Herbst, auf dem Durchzug, besuchen eine Reihe von weiteren Grasmücken die Inseln: der **Schilfrohrsänger** *Acrocephalus schoenobaenus* (selten), die **Orpheusgrasmücke** *Sylvia hortensis* (Enganyapastors emmascarat), die **Dorngrasmücke** *Sylvia communis* (Enganyapastors – häufig, evtl. Brutvogel), die **Gartengrasmücke** *Sylvia borin* (Enganyapastors mosquiter), der **Waldlaubsänger** *Phylloscorpus sibilatrix* (Ull de bou siulador) und der häufige **Fitis** *Phylloscopus trochilus* (Ull de bou gros). Sommervögel sind die **Teichrohrsänger** *Acrocephalus scirpaceus* (Boscarla de Canyer) und die **Drosselrohrsänger** *Acrocephalus arundinaceus* (Rossinyol gros).

Familie Meisen: Die **Kohlmeise** *Parus major* (Pica formatges) ist das ganze Jahr über häufig zu beobachten.

Familie Pirole: Der **Pirol** *Oriolus oriolus* (Pardal cirer) besucht die Inseln manchmal im Frühjahr.

Familie Würger: Der **Rotkopfwürger** *Lanius senator* (Capsigarany) ist im Sommer häufig auf den Inseln anzutreffen. Die armen Vögel haben wegen ihrer Freßgewohnheiten (sie spießen ihre Beute auf Dornen auf) einen schlechten Ruf bei den Ibicencos und werden manchmal gefangen und gequält. Recht selten kann man im Winter oder auf dem Durchzug auf den **Raubwürger** *Lanius excubitor* (Capsigarany gris) stoßen.

Familie Rabenvögel: Sehr häufig und das ganze Jahr über sieht man auf den Inseln **Kolkraben** *Corvus corax* (Corb). Sehr selten besucht dagegen als einziger weiterer Rabenvogel hin und wieder die **Saatkrähe** *Corvus frugilegus* (Gralla pelada) Ibiza.

Familie Stare: Ein häufiger Wintergast ist der **Star** *Sturnus vulgaris* (Tornell).

Familie Sperlinge: Der **Haussperling** *Passer domesticus* (Teulat) ist häufig – im Gegensatz zum **Feldsperling** *Passer montanus* (Teulat galta negra) und zum **Steinsperling** *Petronia petronia* (Teulat lliri).

Familie Finken: Besonders im Frühjahr und im Sommer sieht man häufig Schwärme von **Stieglitzen** *Carduelis carduelis* (Cardernera) über die vielen Wiesen mit blühenden Disteln fliegen. Aber auch zu den anderen Jahreszeiten sind sie zu beobachten. Weitere häufige Jahresvögel sind der **Girlitz** *Serinus serinus* (Garrafó), der **Grünling** *Chloris chloris* (Verderol) und der **Bluthänfling** *Acanthis cannabina* (Pixarell), der im Winter besonders häufig zu sehen ist. Durchzügler sind **Buchfinken** *Fringilla coelebs* (Pinsà) und **Erlenzeisige** *Spinus spinus* (Llogaret), deren Gesang nach Meinung der Inselbewohner Unglück bringt. Recht selten kommen im Winter auch der **Fichtenkreuzschnabel** *Loxia curvirostra* (Trencapinyons) und der **Kernbeißer** *Coccothraustes coccothr.* nach Ibiza.

Familie Ammern: Die **Grauammer** *Emeriza calandra* (Xerriu) ist das ganze Jahr über recht häufig zu sehen.

Für die Vogelbeobachtung lohnen sich besonders der Salzsee Estany Pudent und die Salinen Ibizas und Formenteras (*Wanderung 12 und 17*). Allerdings gibt es dort praktisch keine Deckung. D.h., die Vögel sehen den Wanderer schon von weitem, und sie haben gewöhnlich eine recht große Fluchtdistanz. Wenn sie durch einen herannahenden Wanderer aufgescheucht werden, vergeuden sie Kraft, die sie für ihren Weiterflug brauchen, brütende Vögel oder Eltern mit Jungvögeln verlassen sogar evtl. ihre Brut (und der Nachwuchs stirbt), oder die Vögel kommen wegen der Störungen nicht mehr auf die Pityusen. Deshalb unsere Bitte: besorgen Sie sich ein gutes Fernglas oder ein Spektiv, aber halten Sie sich ruhig und versuchen Sie nicht, sich den Vögeln zu nähern. Die Vogelparadiese unserer Inseln sind hinreichend gefährdet durch Jäger, Verkehr, Industrie usw. Es wäre schade, wenn sie durch Naturfreunde zerstört würden.

Ein Stieglitz rastet im Feigenbaum

DIE REPTILIEN UND AMPHIBIEN: ZUM BEISPIEL EIDECHSEN UND GECKOS

Aufgrund der Insellage konnten sich nur relativ wenige Reptilien- und Lurcharten auf den Pityusen ansiedeln (so gibt es hier z.B. keine Schlangen). Aber eine Reptilienart hat das beste daraus gemacht – die **Pityusen-Eidechse** *Podarcis pityusensis*. Kein anderes Tier Ibizas und Formenteras ist so intensiv erforscht worden, und es gibt eine Fülle von Veröffentlichungen, die die Pityusen-Eidechse zum Gegenstand haben. Das liegt nicht nur daran, daß es sich hier um sehr häufige und recht hübsche Tierchen handelt, sondern hat auch verschiedene andere Gründe:
– Die Pityusen-Eidechse ist unter den Landtieren der einzige mit Sicherheit echte Ureinwohner der Pityusen – sie war schon lange vor den Menschen auf Ibiza (bei den **Landschildkröten** und den **Geckos** weiß man dies nicht so genau).
– Es gibt die Pityusen-Eidechse nur auf unseren Inseln und sonst nirgendwo auf der Welt (wenn man von einer kleinen Population auf Mallorca absieht, die vor einiger Zeit von Menschen dort eingeführt wurde).
– Als nach der letzten Eiszeit das Mittelmeer anstieg, die Landverbindungen zwischen Ibiza und Formentera unterbrach und aus den Küstenhügeln viele kleine vorgelagerte Inseln machte, wurden auch die Pityusen-Eidechsen voneinander isoliert. So konnten sie eine Fülle von recht verschiedenen Unterarten entwickeln (bisher wurden 32 Arten unterschieden).
– An den Unterarten der *Podarcis pityusensis* lassen sich sehr schön Erscheinungen beobachten, wie sie für die Entwicklung von isolierten Arten auf Inseln typisch sind: Riesen- und Zwergwuchs, Zyanismus und Melanismus (Tendenz zur Blau- und Schwarzfärbung).

Die Hauptform – *Podarcis pityusensis pityusensis* – ist vor allem auf der Insel Ibiza verbreitet, ihre Farbe ist teils braun, teils grün mit blauen Flecken und hellem Bauch.

Die Eidechsen Formenteras – *Podarcis pityusensis formenterae* – sind größer als die Ibizas, oft mit grünem Rücken und türkisblauen Flanken, in den nördlichen Dünengebieten jedoch eher sandfarben. Auf der Isla Vedra gibt es die aparte *Podarcis pityusensis vedrae* – mit himmelblauem Bauch, leuchtend ultramarin- und kobaltblauen Seiten und einem gelb-grünen Rückenstreifen. Ihre Verwandten auf dem Inselchen Es Vedranell sind blauschwarz, ebenso wie die Eidechsen der Inseln S'Espardell, Escull Vermell und Ses Margalides westlich von Ibiza. Ganz andere und besonders prächtige Farben weisen die Eidechsen von Illa de ses Rates, Es Malvins (südlich von Ibiza-Stadt) und Illot de sa Mesquida (westlich von Portinatx) auf: korallenrote Bäuche und teils tief blaugrüne, teils olivgrüne, teils intensiv gelbgrüne Rücken. Auf den Inselchen sind viele Unterarten vom Aussterben bedroht!

Es macht Spaß, Eidechsen zu beobachten: sie sind neugierig, lassen sich schnell mit etwas Obst anlocken und liefern sich dann manchmal wilde Kämpfe – auch um Weibchen und um Reviere. Sie werden 8 bis 12 Jahre alt, leben in sonnendurchglühten Felsen und Mauern, ernähren sich außer von Obst und Pflanzenteilen vor allem von Insekten und pflanzen sich im Mai und im August fort.

Im Gegensatz zu den Eidechsen wird wohl kaum ein Wanderer jemals **Schildkröten** auf den Pityusen zu Gesicht bekommen. Es gibt aber welche! Allerdings ist so ziemlich alles, was diese Tiere betrifft, umstritten. Auf Formentera gab es Anfang der 20er Jahre noch **Maurische Landschildkröten** *Testudo graeca*. Evtl. haben noch einige überlebt. Auf Ibiza sind sie schon seit Ende des letzten Jahrhunderts ausgestorben. Die westliche Unterart der **Griechischen Landschildkröte** *Testudo hermanni ssp. robertmertensis* hat im Gegensatz zur Maurischen Landschildkröte einen hornigen Endnagel an der Schwanzspitze. Von der Griechischen Landschildkröte des östlichen Mittelmeerraums unterscheidet sie sich durch einen höher gewölbten Panzer. Auf Mallorca und Menorca begegnet man ihr hin und wieder. Auf Ibiza sollen sich noch kleine Gruppen an den Hängen von Puig Gros – westlich von Ibiza-Stadt – verstecken. Manche Kenner der Insel meinen jedoch, daß es sich dabei um keine „echten" Wildtiere handele, sondern um aus Mallorca importierte und dann entlaufene Exemplare.

Die sehr scheue **Europäische Sumpfschildkröte** *Emys orbicularis* wird in der Literatur zwar für Mallorca und Menorca aufgeführt, nicht aber für die Pityusen. Es gibt aber glaubwürdige Aussagen, daß in den Rest-Sümpfen der Halbinsel Talamanca bei Ibiza-Stadt auch Sumpfschildkröten leben.

Ende der 50er Jahre landeten an der Playa de Mitjorn an der Südküste Formenteras Tausende von riesigen **Meeresschildkröten** (es handelte sich um die **Unechte Karettschildkröte** *Caretta caretta* – sie kann bis zu 500 kg schwer werden). 50 kg Schildkrötenfleisch kosteten damals 50 Peseten – die billigste Nahrung der Einheimischen. Dann blieben die Schildkröten plötzlich aus. Noch heute jedoch werden immer wieder einzelne alte Exemplare von Tauchern an den Küsten Formenteras gesichtet.

Die Existenz der **Geckos** ist dagegen alles andere als fragwürdig: sie leben in Felsritzen und an Mauern in fast jedem Haus. Besonders auf dem Lande kann man in warmen Nächten beobachten, wie Geckos am Rande beleuchte-

Eine Unterart: *Podarcis pityusensis tagomagensis*

Allgegenwärtig: die Pityusen-Eidechse *Podarcis pityusensis pityusensis*

Der Mauergecko lauert nachts an Hauswänden

ter Wandflächen regungslos, senkrecht an der Wand klebend, auf Insekten lauern. Kommt so eine arme Motte in ihre Reichweite, schleichen sie sich im Zeitlupentempo an ihre Beute heran, um dann blitzschnell zuzustoßen. Drei Sekunden später ist das Insekt in ihrem breiten Maul verschwunden. Es gibt auf den Pityusen zwei Arten von Geckos: den auf Formentera selteneren, dafür auf Ibiza um so häufigeren **Mauergecko** *Tarentola mauretanica* und den **Europäischen Halbfingergecko** *Hemidactylus turcicus*. Geckos waren früher der Bevölkerung unheimlich, jetzt gelten sie als Glücksbringer und verdienen sich diesen Ruf, indem sie reichlich lästige Insekten vertilgen. Wegen des trockenen Klimas haben es Amphibien auf den Pityusen nicht leicht. Zum Glück für den trotzdem verbreiteten **Iberischen Wasserfrosch** *Rana perezi* deponieren überall auf dem Lande die Bauern ihr Wasser in offenen, großen gemauerten Becken. Auf Ibiza – nicht aber auf Formentera – lebt schon seit der Bronzezeit (lange vor den Phöniziern) die **Wechselkröte** *Bufo viridis ssp. balearicus*. Möglicherweise aus kultischen Gründen wurde sie vor vielen Jahrtausenden aus dem Raum Korsika/Sardinien eingeführt.

DIE INSEKTEN: ZUM BEISPIEL NASHORNKÄFER UND ERDBEERBAUMFALTER

In den vorangegangenen Kapiteln konnten wir vollständige Aufzählungen sämtlicher Wirbeltierarten der Pityusen anbieten. Das ist jetzt vorbei. So soll es hier angeblich allein 132 verschiedene **Ameisenarten** und 41 (davon 3 endemische) Arten von **Landschnecken** geben. Wir beschränken uns auf die Tiere, die wir für besonders reizvoll bzw. repräsentativ halten. Die häufigsten, aber nicht (nach unserem Geschmack) die hübschesten **Schmetterlinge** sind die kleinen braunen Falter **Waldbrettspiel** *Pararge aegeria* und **Mauerfuchs** *Lassiommata megera*. Richtig exotisch dagegen wirkt der prächtig gezeichnete, für einen europäischen Schmetterling riesige (bis zu 10 cm breite) seltene **Erdbeerbaumfalter** *Charaxes jarus*, der aus Äthiopien stammt. Gewöhnlich hält er sich in Baumwipfeln auf, gelegentlich kann

Viele Insekten Ibizas sind in Mitteleuropa vom Aussterben bedroht: z.B. der Walker

Schmetterlingsraupe auf *Gladiolus communis*

Den Ägyptern war er heilig: Skarabäus

Der größte Verwandte des Maikäfers: Walker

man ihn jedoch im September/Oktober an den reifen Früchten des **Erdbeerbaumes** z.B. in den Wäldern im Norden der Insel beobachten. Ein anderer, nicht so seltener Star der ibizenkischen Schmetterlingsszene ist der zweitgrößte Schmetterling der Pityusen – der **Schwalbenschwanz** *Papilio machaon* – am häufigsten im Mai und im Oktober. Noch häufiger taucht (besonders im Frühjahr und im September) der **Admiral** *Vanessa atalanta* auf unseren Inseln auf. Der **Distelfalter** *Vanessa cardui* ist einer der verbreitetsten Schmetterlinge Ibizas. Hier produziert er vier Generationen im Jahr. Es gibt auch viele **Weißlinge**, im Hochsommer **Zitronenfalter** und eine Reihe besonders hübscher **Bläulinge**: den grünschillernden **Brombeerzipfelfalter** *Callophrys rubi* (vor allem März bis April), den **Kleinen Feuerfalter** *Lycaena phlaeas* (vor allem Oktober), den **Faulbaumbläuling** *Celastrina argiolus* (vor allem im Juli) und am häufigsten die balearische, besonders leuchtend blaue Unterart des **Hauhechelbläulings** *Polyommatus icarus ssp. balearica* (vor allem im Frühjahr und im Herbst). Wie ein Kolibri schwirrt das auf unseren Inseln oft zu beobachtende **Taubenschwänzchen** *Macroglossum stellatarum* vor Blüten (besonders gern z.B. vor der Bougainville) und saugt – im freien Flug schwebend – mit seinem langen Rüssel Nektar. Das Taubenschwänzchen ist der einzige tagaktive Schwärmer Europas. Der größte Nachtfalter der Pityusen – mit über 12 cm Spannweite – ist der **Totenkopfschwärmer** *Acherontia atropos*. Er kann bei Gefahr Piepslaute ausstoßen.

Man hört noch andere Insekten: tagsüber zirpen die **Grillen**, in warmen Sommernächten schallt überall aus den Aleppo-Kiefern das Sirren der **Singzikade** *Lyristes plebejos*. Es gibt oft Schwärme von bis zu 8 cm langen graubraunen **Heuschrecken** und farbenprächtige Wanzen, und auch Libellen sind für eine so trockene Insel erstaunlich häufig. Ein besonders faszinierendes Insekt ist die räuberische, in Mitteleuropa vom Aussterben bedrohte **Gottesanbeterin** *Mantis religiosa* – sie ist oft zu entdecken.

Auf den Pityusen kann man auf viele Käfer treffen, die in Mitteleuropa fast ausgestorben sind: außergewöhnlich große Exemplare vom ohnehin nicht kleinen **Nashornkäfer** *Oryctes nasicornis* brummen nachts über das Land.

Der **Walker** *Polyphyllo fullo* ist der größte europäische Verwandte des mitteleuropäischen Maikäfers. Am Strand sieht man manchmal eigenartige Spuren im Sand – an deren Ende der **Skarabäus** oder **Pillendreher** *Scarabaeus sacer* rückwärtslaufend große Kugeln zur Aufzucht seiner Larven rollt. Interessant für Zoologen ist auch die endemische **Schwarzkäferart** *Pachychila sublunata*. Sie hat extrem große Formen hervorgebracht, die nur auf dem Inselchen Escull Vermell (westlich der Insel Ibiza) leben.

Spaziergänger lassen sich oft von 2 bis 3 cm dicken braunen **Spinnen** erschrecken, die ihre stabilen Netze quer über die Wege gespannt haben. Sie sind harmlos, ebenso wie die sehr hübsche, nicht so seltene **Wespenspinne** oder **Zebraspinne** *Argiope bruennichi*.

An sich könnten viele Gebiete des Mittelmeerraumes reicher an interessanten Insekten sein als Ibiza. Was unsere Inseln trotzdem zu einem Paradies für Insektenforscher macht, ist vor allem die Tatsache, daß hier so viel offenes Land brach liegt und daß kaum Insekten- und Pflanzengifte verwendet werden. Hoffen wir, daß das so bleibt.

Auf Ibiza gibt es besonders große Exemplare des Nashornkäfers

Metallisch schillernder Prachtkäfer

Besonders hübsch: die Wespenspinne

DIE UNTERWASSERWELT: ZUM BEISPIEL SEEANEMONEN, MEERPFAUEN UND ZACKENBARSCHE

Im Gegensatz zum Wasser an den meisten Küsten und Stränden des Mittelmeeres ist das Meerwasser rund um die Pityusen noch sehr klar. Eine Umweltstudie stellte fest, daß die Gewässer um Formentera die saubersten des Mittelmeeres seien. Außerdem hat die bewegte Entstehungsgeschichte der Inseln zu einer äußerst abwechslungsreichen Gestaltung der Küste geführt. So ist das Unterwasserleben der Pityusen ganz besonders intakt und vielfältig. All das macht Schnorcheln und Tauchen – vor allem in den heißen Sommermonaten – zu einem reinen Vergnügen. Vor allem die Felsküsten rings um die Inseln zeichnen sich durch faszinierende Unterwasserlandschaften, klares Wasser und reiches Unterwasserleben aus. Dagegen wirken die Sandstrände oft ein wenig langweilig. Trotzdem befindet sich eines unserer Lieblingsschnorchelreviere am Ostende (vor der letzten Strandbude) des großen Salinas-Strandes (*Wanderung 1*). Dort sind nicht nur die schönen **Seeanemonen** *Anemonia viridis* häufig, sondern auch die bunten, ständig ihre Farbe wechselnden, 15 bis 25 cm großen **Meerjunker** *Coris julis* und die sonst seltenen, 12 bis 14 cm langen, türkis/blau/goldgrünschillernden **Meerpfauen** *Thalassoma pavo*

Verwandt mit tropischen Korallenfischen: Meerpfau und Meerjunker (links) (Wanderung 1)

– die prächtigsten kleinen Fische, denen Schnorchler hier begegnen (sie erinnern an tropische Korallenfische, von denen sie auch abstammen). Dazwischen sehen wir immer wieder Schwärme von eleganten gold/blaugestreiften **Goldstriemen** *Sarpa salpa*, die die Algen von den Felsen abweiden, und etwas weiter draußen im Sand leben meterlange **Steckmuscheln** *Pinna spec.* Links und rechts der Cala Pada und der Cala Olivera *(Wanderung 15)* an der Ostküste Ibizas fanden wir nicht nur viele farbige Fische, sondern auch die bizarren, knallbunten **Nacktschnecken**, z.B. die **Violette Fadenschnecke** *Flabellina affinis*, und die perlmuttschimmernden Schalen der **Seeohren** *Haliotis tuberculata*. Im August entdeckten wir – z.B. an der kleinen, auch im Sommer nicht überlaufenen Bucht „El Rincon del Marino" (direkt vorm Flughafen rechts ab, dann Richtung Westen und den Hinweisschildern folgen) – Schwärme von winzigen, an Neonfische erinnernden Fischen, die unglaublich strahlendtiefblau leuchteten. Später fanden wir heraus, daß es sich dabei um die Jungfische der als Erwachsene schwarz/blau/braunen 10 bis 12 cm langen **Mönchsfische** *Chromis chromis* handelte.

Daß das Schnorcheln rund um Formentera, z.B. am Südende der Cala Saona *(Wanderung 16)*, ein besonderes Erlebnis ist, versteht sich von selbst.

Damit das so bleibt, richten wir eine dringende Bitte an alle Schnorchler und Taucher: daß man konsequent auf Fischfang und Harpunieren verzichten sollte, leuchtet sicher ein, wenn man bedenkt, daß das Mittelmeer auch um die Pityusen früher viel fischreicher war, und daß viele heute noch häufigen Fischarten schnell an den Rand des Aussterbens gebracht werden können. Aber nehmen Sie auch sonst nichts aus dem Meer mit an Land!

Unterwasserwelten sind komplexe und empfindliche Ökosysteme, in denen alle Bestandteile ihre Funktion für die Erhaltung des Gleichgewichts haben. Leere Schneckenschalen werden zum Beispiel von Einsiedlerkrebsen noch als Haus benötigt.

Gerätetauchen ist aufwendiger, teurer und anstrengender als Schnorcheln, und schon wenige Meter unter der Wasseroberfläche beginnen die Farben, die Schnorchler so begeistern, zu verblassen oder besser zu verblauen. Zum Ausgleich erhält man das unbeschreibliche Gefühl des schwerelosen Dahingleitens in einem fremden Element, und man begegnet Tieren und Landschaften, die in den oberen Wasserschichten kaum zu finden sind. Es gibt auf den Pityusen eine Reihe von Tauchbasen, in denen man Kurse belegen und Geräte ausleihen kann: Cala Portinatx, Cala Pada, Cala Vadella, Cala San Miguel auf Ibiza und die Hotelanlage Club la Mola auf Formentera. Jedes Tauchgebiet zeichnet sich durch besondere Reize aus: der Norden hat seine Steilküsten, von Cala Pada ist es nicht weit zur Isla Tagomago, Cala Vadella liegt gegenüber der Isla Vedra, und auf Formentera kann man die Steilküsten der Halbinsel La Mola erkunden. Dort begegnet man z.B. einem fast zahmen, gewaltigen **Zackenbarsch** *Epinephellus guaza*, gelegentlich **Barakudas** *Sphyraena sphyraena*, **Bärenkrebsen** *Scyllarus arctus* und – ab etwa 30 m Tiefe – **Muränen** *Muraena helena*. In großer Tiefe (40 bis 60 m) gibt es an der Isla Vedra **Korallen** und die wunderschönen exotischen **Gorgonien** *Eunicella cavolinii*. Auch sonst trifft der Taucher in den Gewässern um Ibiza und Formentera mit etwas Glück so ziemlich alles, was das Mittelmeer an attraktiven Tieren zu bieten hat: vom **Adlerrochen** *Myliobatis aquila*, der wie ein großer Vogel durchs Wasser „fliegt", über **Kraken** *Octopus vulgaris* und **Tintenfische** *Sepia sepia officinalis*, **Zahnbrassen** *Dentex dentex*, **Seeraben** *Sciaena umbra*, Schwärme von roten **Fahnenbarschen** bzw. **Rötlingen** *Anthias anthias*, **Thunfische** *Thunnus thynnus*, **Makrelen** *Scomber scombrus* bis zu den selten gewordenen, elegant schwimmenden **Meeresschildkröten** *Caretta caretta* und zum harmlosen **Katzenhai** *Scyliorhinus canicula*.

Die spanische Marine leistet einen vernünftigen Beitrag zum Artenschutz an unseren Küsten: sie kontrolliert viel und beschlagnahmt alle Boote und Ausrüstungen, wenn sie Tauchflaschen und Harpunen an Bord gefunden hat. Falls Sie gesündigt haben sollten und nun mit der Fähre von Formentera nach Ibiza zurückfahren müssen, gönnt Ihnen das Schicksal zum Trost vielleicht noch den Anblick von **Delphinen**, **Tümmlern** oder einem Schwarm **Fliegender Fische**.

Die zarten Seeanemonen sind in den Gewässern vorm Salinas-Strand noch recht häufig (Wanderung 1)

Ein Schwarm junger Hornhechte (Wanderung 16)

Goldstriemen beweiden die Algen (Wanderung 1)

6. DIE ORCHIDEEN IBIZAS UND FORMENTERAS

Von keiner Pflanzenfamilie geht eine solche Faszination aus wie von den Orchideen. Dabei sind längst nicht alle Orchideen besonders groß oder bunt oder selten – manche wirken ausgesprochen unscheinbar. Trotzdem stehen sie in fast allen Ländern der Erde unter strengem Naturschutz (das gilt auch ausnahmslos für die spanischen Orchideen). Und eine Vielzahl von Menschen hat sich der Erforschung und dem Schutz der Orchideen begeistert verschrieben.

Eine Erklärung dafür mag darin liegen, daß die Orchideen eine Reihe von Superlativen auf sich vereinen: sie sind die jüngste, modernste, flexibelste und komplizierteste aller Pflanzenfamilien – mit der größten Verbreitung (von den Baumwipfeln der tropischen Regenwälder bis zu den Tundren der Arktis), den raffiniertesten Bestäubungstricks und der größten Artenvielfalt. Ihre Entwicklung ist offenbar noch nicht abgeschlossen: viele Arten weisen eine Unmenge von Variationen auf und können sich untereinander vermischen; oft ist die Abgrenzung der Arten voneinander umstritten. Obwohl den Orchideen soviel Aufmerksamkeit geschenkt wird, ist z.B. ihre Verbreitung noch längst nicht erforscht.

Eine der häufigsten Orchideen Ibizas: Die Spiegel-Ragwurz *Ophrys ciliata*

Das bringt uns zu den Orchideen Ibizas: als Insel, die weitgehend aus vom Meeresboden aufgefaltetem Kalkstein besteht, bietet Ibiza besonders günstige Voraussetzungen für die (meist kalkliebenden) Orchideen (dagegen sind Inseln vulkanischen Ursprungs wie z.B. die Kanarischen Inseln sehr orchideenarm). Aber auch die Vorherrschaft von offener Garigue (im Gegensatz zur meist undurchdringlichen Macchia) und der Verzicht vieler Bauern auf Kunstdünger und Pflanzen- und Insektengifte machen die Pityusen zu einem Paradies für Orchideenfreunde. Man kann Orchideen praktisch überall auf den Inseln finden – es kommt nur darauf an, zur richtigen Jahreszeit richtig hinzusehen. (In Mallorca dagegen hat z.B. die intensive Landwirtschaft die Ochideen meist auf wenige abgelegene Gebiete und auf schmale Streifen zwischen Straßen und Grundstücksmauern verdrängt – und dort fallen sie dann Herbiziden zum Opfer). Trotzdem ist die Orchideenflora Ibizas (im Vergleich z.B. zu Mallorca) bisher noch weitgehend unerforscht – das zeigt wieder einmal, wie „unberührt" und „unbekannt" die Natur unserer Inseln noch ist. Uns liegen drei neuere Artenlisten aller Orchideen, die auf den Pityusen wachsen, vor. Nach Blatt und Hertel (Beitrag zur Verbreitung der Orchideen auf den Balearen – Ber. Arbeitskr. Heim. Orchideen 1 (1): Seite 41-70, 1984) gibt es auf Ibiza 15, auf Formentera 7 Orchideenarten. Zu den gleichen Zahlen kommt Sabine Sperber (Orchideen auf den Balearen, in H. Haeupler Hrg., Bericht über die 2. Exkursion nach Mallorca, Universität Bochum 1989). Beide Autoren nennen aber aufgrund von recht alten Literaturangaben zwei Arten, die entweder verwechselt wurden oder mit größter Wahrscheinlichkeit schon seit Jahrzehnten auf Ibiza ausgestorben sind (*Serapias lingua* und *Orchis lactea*): bleiben also 13 bekannte Arten. Nach Elspeth Beckett (Wild Flowers of Majorca, Minorca and Ibiza, Rotterdam 1988) gibt es auf Ibiza nur 10 Orchideenarten, darunter wieder *Serapias lingua* – also nur 9. 1988 erschien in Deutschland ein Artikel, der von einer überraschenden Neuentdeckung an einem Standort im Süden Ibizas berichtete (K. und R-G. Hansen – *Gennaria diphylla (LINK) PARL.* auf den Balearen – ein Neufund auf Ibiza? In: Mitteilungsblatt AHO Baden-Württemberg 2/88). Aber schon 1981 beschrieb Nestor Torres drei weitere Orchideenarten, die er auf den Pityusen gefunden hatte (N. Torres: Nota sobre Plantes de les Pitiüses, in: Boll. Soc. Hist. Nat. Balears 25 (1981), Seite 179 – 184, Palma de Mallorca): *Orchis collina BANKS & SOLANDER* auf Formentera, *Aceras anthropophorum (L.) AITON fil.* und *Limodorum abortivum (L.) SWARTZ* auf Ibiza, und 1986 nannte er zwei Standorte von *Gennaria diphylla* auf Ibiza (Torres, Alomar, Rossello, Pujades: Notes Florístiques Baleàriques. 2, in: Boll. Soc. Hist. Nat. Balears 30 (1986), Seite 145 – 154, Palma de Mallorca). Offenbar wurden diese Veröffentlichungen in Mitteleuropa noch nicht zur Kenntnis genommen. Inzwischen haben wir nicht nur einen dritten Standort von *Gennaria diphylla*, sondern auch 5 (!) weitere, bisher auf Ibiza unbekannte Orchideenarten entdeckt (sowie 3 Arten auf Formentera). Es gibt also nicht – wie die Fachwelt bisher annahm – 13 bzw. 7, sondern mindestens 20 verschiedene Orchideenarten auf Ibiza und 10 Arten auf Formentera – und wir sind sicher, daß noch weitere Arten auf ihre Entdeckung warten.

Eine der auf den ersten Blick unscheinbarsten, aber trotzdem interessantesten Orchideen der Pityusen ist die viel zitierte *Gennaria diphylla* (**Grünstendel**). Als vor ca. 15 Millionen Jahren die ersten Orchideen entstanden, hatten sie wenig Ähnlichkeit mit den prachtvollen Epiphyten der Tropen – sie müssen etwa so wie der Grünstendel ausgesehen haben. Diese sehr einfach gebaute „Urorchidee" gehört zur ursprünglichen Mittelmeerflora. Sie blühte schon vor Millionen von Jahren in den subtropischen Gebirgen des Tertiär, lange bevor es Menschen gab. Heute ist sie im westlichen Mittelmeerraum und auf einigen Madeirischen und Kanarischen Inseln zu finden. Auf Ibiza und Formentera (wo sie relativ häufig ist) blüht sie in der ersten Märzhälfte in Felsspalten und auf der Garigue. Wir haben sie vor allem an den Salinen und an der Ostküste bei Roca Llisa gefunden.

Gennaria diphylla gibt es nur noch in wenigen Gebieten

Hier läßt sich erkennen, daß Orchideen von Lilien abstammen

Mastorchis *Barlia robertiana*

... eine der größten Orchideen Ibizas

Hügelknabenkraut *Orchis collina* - eine Spezialität Formenteras

Unverkennbar: die am Rande gewellten Blätter   Orchis italica bringt weiße und rosa Blüten ...   ... in verschiedenen Formen hervor

Im Februar blüht eine „Neuentdeckung" – soweit wir wissen, nur an der Küste im Nordosten Ibizas: die kräftige **Mastorchis** Barlia robertiana (LOISEL.) W. GREUTER. Eine Neuentdeckung ist auch das **Hügelknabenkraut** Orchis collina BANKS & SOLANDER (auch bekannt als Orchis saccata TEN.). Bisher konnten wir diese hübsche Orchidee nur im Westteil Formenteras auf der Garigue entdecken. Ihre 10 bis 20 cm hohen Stengel tragen Ende Februar 2 bis 20 Blüten. Vielleicht finden Sie die Orchis collina auch in Ibiza? Bitte geben Sie uns dann Bescheid.

Mitte März gibt es noch eine weitere Neuentdeckung zu bestaunen: das teils rosa, teils weiß gefärbte **Italienische Knabenkraut** Orchis italica POIRET, dessen unterschiedlich ausgeprägte Blütenformen uns die Unterart „ssp. longipenis" erfinden ließen. Die einzigen Standorte des Italienischen Knabenkrauts, die wir bisher gefunden haben, befinden sich in den Bergen und Schluchten des wilden Südwestens Ibizas. Man erkennt die Pflanze auch außerhalb der Blütezeit an ihren am Rande gewellten Blättern. Für neue Standortmeldungen wären wir dankbar.

Das Italienische Knabenkraut Orchis italica bevorzugt die verhältnismäßig kühlen, feuchten Bergregionen im Südwesten Ibizas

Duftendes Knabenkraut *Orchis coriophora L. ssp. fragrans*

Sein Vanilleduft erfüllt manchmal den ganzen Wald

Alt bekannt und recht verbreitet in den trockeneren Teilen der Garigue Ibizas und Formenteras ist dagegen das „**Duftende Knabenkraut**" oder – bei anderen Autoren – das **Wanzenknabenkraut** *Orchis coriophora L. ssp. fragrans (POLLINI) K. RICHTER* – es blüht vorwiegend im Mai. Die auf unseren Inseln vorkommenden Exemplare stinken jedoch nicht nach Wanzen, sondern sie strömen einen angenehmen und intensiven Vanilleduft aus – so kann man sie schon entdecken, bevor man sie sieht. Erstaunlich ist die Vielfalt der Formen und Farben – jede Pflanze sieht wieder anders aus.

Das waren die bis jetzt entdeckten „echten" **Knabenkräuter** der Pityusen. Viele Knabenkräuter täuschen ihre Bestäuber, d.h., sie versprechen hungrigen Insekten durch ihren Sporn und ihren Duft eine reiche Nektarmahlzeit, ohne das Versprechen zu halten. Aber bevor das Insekt das merkt, kleben schon die Pollenpakete der Orchideenblüten an ihren Köpfen oder Rüsseln – in einer Stellung, die die Selbstbefruchtung verhindert. Nach einigen Sekunden krümmen sich die kleinen Stengel mit den Pollenpaketen nach vorn, so daß die nächste Blüte, auf die das Insekt hereinfällt, befruchtet wird.

Noch viel raffinierter sind die Tricks der **Ragwurz**- bzw. Ophrys-Arten. Die Ragwurz-Orchideen sind typische Mittelmeerpflanzen – nur wenige Arten dringen nach Mitteleuropa vor. Auch Ibiza weist mindestens 9 verschiedene Ragwurzarten auf (nicht weniger als das siebenmal so große Mallorca). Ihre Blüten erinnern sehr an Insekten, die auf kleinen rosa, gelben oder weißen Blüten oder auf grünen Blättern sitzen. Das hat einen überraschenden Sinn: männliche Bienen oder Wespen halten die Orchideenblüten für empfängnisbereite Weibchen ihrer Art. Die Orchideen verstärken diese Wirkung, indem sie die Sexualduftstoffe der Insektenweibchen ausströmen (**Dolchwespen** fliegen sogar **Spiegelragwurz**blüten an, wenn diese mit einem Taschentuch bedeckt wurden) und indem sie durch glatte Flächen im Wechsel mit dichter Behaarung die Illusion vollkommen machen. Meistens blühen die Ragwurzarten zwar kurz vor der Schwarmzeit der jeweiligen Insektenweibchen, aber Experimente haben gezeigt, daß auch dann, wenn echte Weibchen auf ihre Liebhaber warten, die Männchen die Orchideenblüten vorziehen! (Die Ragwurzarten schaffen die Illusion einer Superfrau, gegen die normale Weibchen wohl langweilig wirken.) Wenn das Männchen nun die Blüten anfliegt und den Beischlaf versucht, heften sich die Pollenpakete mit klebrigen Haftscheiben an die Köpfe der Insekten. Wenn dann das Männchen frustriert die Blüte verläßt, bietet sich gleich die nächste Orchidee an. Prompt fällt das Insekt wieder darauf herein, die Pollenpakete bleiben an der klebrigen Nabe der Blüte hängen, die Befruchtung hat geklappt. (Mit ähnlichen Tricks arbeiten außer den mediterranen Ophrysarten nur noch einige Orchideen Westaustraliens.)

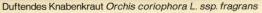

Braune Ragwurz *Ophrys fusca*

Auf Ibiza selten: Gelbe Ragwurz *Ophrys lutea*

Ophrys lutea

Im Vergleich: *Ophrys lutea ssp. melena* und (doppelt so groß): *Ophrys fusca*

Schon im November findet man die ersten Exemplare einer der häufigsten und unscheinbarsten Ragwurzarten der Pityusen – die ca. 10 cm hohe **Braune Ragwurz** *Ophrys fusca* LINK. Sie blüht bis etwa Anfang April in der Garigue, auf Waldlichtungen und im verwilderten Kulturland. Von Mitte April bis Anfang Juni blüht dann – an etwas feuchteren Stellen der Garigue – eine „zweite Generation", die bis zu 40 cm hoch wird und auch deutlich größere Blüten besitzt. Vielleicht entsteht hier wieder einmal eine neue Art.

Eine auf Ibiza seltene Verwandte der *Ophrys fusca* ist die vor allem Anfang März blühende **Gelbe Ragwurz** *Ophrys lutea* CAV. *ssp. lutea*. Wir haben sie nur im Umkreis von Ibiza-Stadt und an einer Stelle in den Bergen im Südwesten der Insel gefunden.

Häufiger dagegen ist eine andere Ragwurzunterart, die man irgendwo zwischen *Ophrys fusca* und *Ophrys lutea ssp. lutea* ansiedeln muß: sie blüht später als die normale frühe *Fusca* (nämlich im April) und unterscheidet sich von ihr deutlich, wie das Bild zeigt. Gegen die Annahme, daß wir hier einen Hybriden von *Fusca* und *Lutea* gefunden haben, spricht die Tatsache, daß sie auf Ibiza recht weit verbreitet ist und auch in Gebieten wächst, in denen *Ophrys lutea* nicht vorkommt. Es könnte sich dabei um die Unterart **Dunkle Gelbe Ragwurz** *Ophrys lutea ssp. melena* RENZ (die wohl ursprünglich von *Ophrys fusca* und *Ophrys lutea* abstammt) handeln. Diese ist bisher jedoch nur im östlichen Mittelmeerraum bekannt. In Frage kommt auch eine andere, sonst in Nordafrika wachsende Unterart: *Ophrys murbeckii* H. FLEISCHM.. Klarheit kann wohl nur eine Genanalyse verschaffen. Die Orchideenforscher haben noch viel zu tun!

Im März/April blüht an vielen Stellen der Garigue Ibizas und Formenteras noch eine weitere, ähnliche kleine Ragwurzart, die früher oft mit der *Ophrys fusca* verwechselt und wohl vor allem deshalb bisher noch nicht als eigene Art auf Ibiza entdeckt wurde: die **Marokkanische Ragwurz** *Ophrys dyris* MAIRE. Sie ist kaum von der ostmediterranen **Omega-Ragwurz** zu unterscheiden, kommt aber nur im westlichen Mittelmeergebiet vor.

Marokkanische Ragwurz *Ophrys dyris*

Ophrys dyris

Wespenragwurz *Ophrys tenthredinifera*

Ophrys tenthredinifera ist ein Schmuckstück der Garigue Formenteras

Um ein Prachtstück der Orchideen der Pityusen zu genießen, sollte man schon Ende Februar/Anfang März auf die Inseln kommen. Dann blüht nämlich in Waldlichtungen und der Garigue – auf Ibiza verstreut und selten, recht häufig im Westteil Formenteras – die **Wespenragwurz** *Ophrys tenthredinifera* WILLD., die immer wieder durch unterschiedliche Größe und Färbung und auch mal durch eine seltsame Variation überrascht. Nicht nur Orchideenfreunde, auch die Männchen der **Langhornbiene** verlieben sich regelmäßig in die Blüten der Wespenragwurz.
Etwas später (im März) blüht an einigen Stellen besonders im Westen Ibizas die **Schwarze Ragwurz** *Ophrys incubacea* BIANCA. Sie gehört ebenfalls zu den erst von uns in den letzten Jahren auf der Insel entdeckten Arten.
Die kleinste unserer Ragwurzarten ist die niedliche **Drohnenragwurz** *Ophrys bombyliflora* LINK (übrigens die einzige Ragwurzart der

Wespenragwurz in einem Kiefernwald Ibizas

Seltene Variation: Wespenragwurz mit 3 Lippen

Eine hellere Variante der Wespenragwurz auf Ibiza

Erst vor wenigen Jahren auf Ibiza entdeckt:

Schwarze Ragwurz *Ophrys incubacea*

Die kleinste Ragwurzart: *Ophrys bombyliflora*

Spiegelragwurz *Ophrys ciliata*: oft zu finden in der Garigue der Pityusen

Seltene Farbvariante von *Ophrys ciliata*

Kanarischen Inseln). Sie bildet im März und April dichte kleine Gruppen auf sonnigen Stellen der Garigue – z.B. in der phönizischen Gräberstadt Los Molinos in Ibiza-Stadt. Auf Formentera haben wir sie noch nicht gefunden.

Besonders sonnenliebend ist die **Spiegelragwurz** *Ophrys ciliata BIV.*. Sie blüht im April überall in der Garigue Ibizas und Formenteras. Ihre Farbe und ihre dichte Behaarung ist ihrem Bestäuberinsekt, der **Dolchwespe** *Campsoscolia ciliata*, auf verblüffende Weise angepaßt.

Ebenfalls in den April fällt die Blütezeit der neben der **Spiegelragwurz** und der **Braunen Ragwurz** häufigsten Orchidee der Pityusen: **Bertolonis Ragwurz.** Auf Ibiza und Formentera kommt jedoch höchstwahrscheinlich nur die Art *Ophrys bertoloniiformis O. & E. DANESCH* vor. Diese Art muß irgendwann einmal als Kreuzung zwischen einer **Spinnenragwurzart** *(Ophrys sphegodes)* und *Ophrys bertolonii* – wohl im Südosten Frankreichs – entstanden sein. Immer wieder schlagen bei einzelnen Exemplaren die verschiedenen Eigenschaften der Vorfahren durch. So erklärt sich die erstaunliche Vielfalt der Formen und Farben in einer einzigen Art: oft glaubt man, man hätte eine neue Art entdeckt.

Erst Ende April – bis in den den Juni hinein – blüht an feuchteren Stellen der Garigue, in Waldlichtungen und alten Bachtälern Ibizas (nicht Formenteras) die späteste und größte Ragwurzart Ibizas: die **Bienenragwurz** *Ophrys apifera HUDSON*. Wir haben bis zu 70 cm hohe Exemplare gefunden. Die prachtvolle Bienenragwurz vereinigt eine Reihe von Besonderheiten auf sich. Sie ist die einzige Ragwurzart Ibizas,
– die von den Einheimischen mit einem Namen beehrt wurde (Beiera),
– die sich bis nach Mitteleuropa verbreitet hat (dort ist sie allerdings meistens kleiner),
– die im Begriff ist, sich weitgehend unabhängig von der Fremdbestäubung durch Insekten zu machen (wenige Stunden nach dem Erblühen krümmen sich die Stengel der Pollenpakete nach vorn, so daß sich die Blüte schließlich selbst befruchtet, falls kein vorbeifliegendes Insekt betört werden konnte).

Die **Bienenragwurz** ist auf Ibiza besonders gefährdet durch „Naturfreunde", die sie ausgraben, um sie in ihren Garten oder sonst irgendwohin zu pflanzen. Das bedeutet nicht nur das Ende eines natürlichen Standortes, sondern in 99 % aller Fälle auch der Blume selbst, da sie einen Standortwechsel so gut wie nie überlebt.

Ophrys bertoloniiformis

Ophrys bertoloniiformis blüht auf den Pityusen ...

... in vielen Form- und Farbvarianten

Die größte und prächtigste Ragwurzart Ibizas: *Ophrys apifera*

Bienenragwurz *Ophrys apifera*

Besonders dunkle Variante der Bienenragwurz

Eine Rarität: die Variante *O. apifera* var. *flavescens*

Männerorchis *Aceras anthropophorum*

Bis vor kurzem blühte sie noch unentdeckt im Südwesten Ibizas

Violetter Dingel *Limodorum abortivum*

Eine der größten Orchideen Europas: Violetter Dingel

Keuschorchis *Neotinea maculata*

Weiße Variante der Keuschorchis

Kleinblütiger Zungenstendel *Serapias parviflora*

Ihre Blüten bieten Bestäuberinsekten Schlafplätze

Weiß-grüne Variante des Zungenstendels

Eine besondere Überraschung war vor einigen Jahren die Entdeckung der (im März blühenden) **Männerorchis** *Aceras anthropophorum (L.) AITON fil.* an einigen Stellen im Süden und Südwesten Ibizas.

Auch den **Violetten Dingel** *Limodorum abortivum (L.) SWARTZ* – der Mitte April gar nicht so selten in den Wäldern um San Juan blüht – hatte man nicht auf Ibiza erwartet. Diese bis zu 80 cm hohe und damit größte Orchidee Ibizas entwickelt sich allmählich zu einem Schmarotzer: sie hat Chlorophyll weitgehend zurückgebildet und läßt sich von einem unterirdischen Pilz mit Nährstoffen versorgen. Gleichzeitig blüht die wohl unscheinbarste Orchidee Ibizas versteckt in vielen Wäldern der Insel: die ca. 15 cm kleine, duftende **Keuschorchis** *Neotinea maculata (DESF.) STEARN.* Das auffälligste an ihr sind ihre dunkelbraun gefleckten Blätter. Die Flecken fehlen bei den hin und wieder vorkommenden weißen Varianten.

Etwas später – von Ende April bis Mitte Mai – finden wir in der offenen Garigue Ibizas und Formenteras den ziemlich häufigen **Kleinblütigen Zungenstendel** *Serapias parviflora PARL.* Auch hier gibt es weiße Varianten. Der Zungenstendel hat den Bestäuberinsekten eine besondere Spezialität anzubieten: einen sicheren Schlafplatz.

Im Mai (bis Anfang Juni) blüht eine besonders schöne, bis zu 40 cm hohe Orchidee in der Garigue besonders im Norden, im Süden und im Südwesten Ibizas, die in Mitteleuropa vom Aussterben bedroht ist, jedoch auf Ibiza zum Glück noch recht oft gefunden werden kann: die **Pyramidenorchis** *Anacamptis pyramidalis (L.) L.C.M. RICHARD.* Sie ist auf Ibiza kräftiger gefärbt als im übrigen Mittelmeergebiet.

Pyramidenorchis *Anacamptis pyramidalis*

Auf Ibiza gibt es besonders farbenprächtige Exemplare der Pyramidenorchis

Herbst-Drehwurz *Spiranthes spiralis*

Und im Herbst – Mitte September bis Mitte Oktober – verabschiedet sich das Orchideen-jahr mit der 10 bis 20 cm hohen zierlichen **Herbst-Drehwurz** *Spiranthes spiralis* (L.) CHEVALL. Auf Formentera scheint es sie nicht zu geben, im Schatten der Garigue-Büsche und an Waldrändern besonders im Norden und Westen sowie im Zentrum Ibizas ist sie jedoch nicht selten. Ihre Blätter sind zur Blütezeit verwelkt, die Blattrosetten findet man im Frühjahr.

Spiranthes spiralis

Dieses Kapitel hat uns ein wenig Kopfschmerzen bereitet: sollte man nicht besser die Tatsache, daß es auf den Pityusen viele seltene Orchideen gibt, verschweigen? Locken wir nicht so Scharen von Spaziergängern und Raritätensammlern in die Gebiete, die besser geheim blieben? Schließlich steht jede 10. Orchideenart Europas vor dem Aussterben. Dieser Konflikt ist nicht eindeutig zu lösen. Im folgenden nennen wir einige Argumente zum Problem der Gefährdung von Orchideen, die vielleicht verständlich machen, warum wir dieses Kapitel geschrieben haben. Dazu geben wir Hinweise, wie auch die Leser dieses Buches zum Schutz der Orchideen beitragen können.

In vortouristischen Zeiten waren die Orchideen Ibizas dadurch gefährdet, daß die Einheimischen ihre Knollen ausgruben, um sie zu essen. Das ist jetzt vorbei. Aber uns sind Fälle bekannt, in denen Botaniker ganze Standorte geplündert haben, um die Knollen an botanische Gärten und Sammler zu verscherbeln. Das Washingtoner Artenschutzgesetz verbietet jeden Handel mit wilden Orchideen, und außerdem stehen sämtliche Orchideen Spaniens unter strengem Naturschutz. Um niemanden in Versuchung zu führen, haben wir die Standorte von besonders seltenen und nur in eng begrenzten Gebieten vorkommenden Orchideen zwar korrekt, aber doch etwa so präzise beschrieben, wie das Pilzsammler tun, wenn man sie nach der Herkunft ihrer Beute fragt. Mit Geduld und etwas Glück wird der Spaziergänger trotzdem genug interessante Orchideen finden! Jede von uns vorgeschlagene Wanderung führt auch in die Nähe von Orchideenstandorten, und alle Orchideenarten der Pityusen sind u.a. in den Gebieten, die unsere Wandervorschläge erschließen, vertreten.

Der Versuch, Wildorchideen der Pityusen im Garten anzusiedeln, wird auch dann so gut wie sicher scheitern, wenn es sich um den Garten eines Ferienhauses auf Ibiza handelt. Das mag nicht einleuchten. Deshalb einige Informationen zur Biologie der Orchideen: Die Samen der Orchideen sind winzig klein. Dafür bringen manche Pflanzen mehrere Millionen Samen hervor, die dann vom Wind überall hin geweht werden. Diese ungeheure Verbreitung ist nötig, damit wenigstens einige wenige Pflanzen keimen können. Denn jede Orchidee hat ganz besondere, sehr eng begrenzte Ansprüche an Bodenbeschaffenheit, Lichtverhältnisse, Feuchtigkeit und Begleitflora (schon deshalb ist die Chance, daß man im eigenen Garten zufällig die gleichen Bedingungen bieten kann, verschwindend gering). Vor allem aber sind die Orchideen auf ganz spezielle Bodenpilze angewiesen, um Wasser und Nährstoffe zu gewinnen. Die Keimung ist schon ein Abenteuer für sich. Die Samen haben kaum eigene Nährstoffreserven. Falls sie auf einen geeigneten Pilz stoßen (und nur dann ist eine Keimung möglich) beginnt zunächst ein Kampf. Pilz und Samen versuchen, sich gegenseitig aufzufressen. Nur wenn beide scheitern und sich ein Gleichgewicht einstellt und wenn auch sonst alles stimmt, kann die Keimung weitergehen. Viele Orchideen sind aber zeitlebens auf „ihren" Pilz angewiesen. Geringste Spuren von Fungiziden oder Kunstdünger oder auch nur zu viele Nährstoffe im Boden töten die Pilze und damit auch die Orchidee, (ein weiterer Grund dafür, daß sich Orchideen fast nie im Garten kultivieren lassen).

Erst nach erfolgreicher Keimung beginnt die wirklich gefährliche Zeit für die kleinen Pflanzen: die meisten Orchideen benötigen viele, manchmal 15 Jahre, bis sie genug Kraft gesammelt haben, um Blüten und Samen hervorzubringen. In diesen Jahren sind sie nicht nur sehr unauffällig, sondern auch extrem empfindlich gegen Verletzungen. Ein falscher Tritt eines Wanderers kann so ein Orchideenleben auslöschen, ehe es richtig begonnen hat. Deshalb unser Hinweis: Achten Sie beim Wandern in der Garigue und besonders beim Fotografieren von Orchideen bitte genau darauf, wo sie hintreten.

Wenn dann die Orchidee blüht, kommen manche Pflanzenfreunde in die Versuchung, sie für ihre Herbarien abzupflücken. Das lohnt sich nicht! Gepreßte Orchideen werden schwarz und unscheinbar – die Herbarbelege sind ohne jeden wissenschaftlichen und ästhetischen Wert.

Es bleibt also das Fotografieren. Wir haben unsere Pflanzenfotos ausnahmslos ohne Blitz gemacht, um einen möglichst realistischen Eindruck von den Lebensräumen auf Ibiza zu vermitteln. Aber wir können von diesem Verfahren nur abraten! Erstens ist die Schlepperei des (ohne Blitz unverzichtbaren) Stativs lästig, zweitens gelingt nur ein winziger Bruchteil aller Nahaufnahmen (jeder Windhauch verdirbt das Bild), und drittens ist es äußerst mühsam, gleichzeitig auf richtige Lichtverhältnisse zu warten, den richtigen Standort zu wählen und dann noch dabei darauf zu achten, daß man keine Jungpflanzen beschädigt. Mit Blitz gelingen eindrucksvolle, scharfe und brilliante Fotos – vor allem Nahaufnahmen – viel besser. Für Aufnahmen, die besonders professionell und natürlich wirken sollen, empfiehlt es sich, zwei kleine Blitze an der Kamera zu befestigen und mit einem dritten mobilen Blitz den Hintergrund zu beleuchten und gleichzeitig Gegenlichteffekte oder – durch Seitenlicht – plastische Wirkung zu erzielen. Aber vielleicht geben Sie sich ja mit den Bildern in diesem Buch und dem Bewußtsein, wie schön Ibizas Natur ist, zufrieden.

Am meisten werden die Orchideen jedoch nicht durch Pflanzenliebhaber, sondern durch Unkenntnis, Profitgier und Gleichgültigkeit gefährdet! Insektizide, Herbizide und moderne Landwirtschaft zerstören nicht nur Standorte, sondern auch die Lebensgrundlagen für Insekten, auf die die Orchideen angewiesen sind. Und mit jedem Neubau und jeder neuen Straße in Ibizas Naturlandschaft werden Lebensräume für Orchideen endgültig vernichtet. Wir hoffen, daß dieses Buch dazu beiträgt, daß möglichst vielen Verantwortlichen in Ibiza folgendes bewußt wird:

– Unkontrolliertes Bauen und Intensivierung der Landwirtschaft gefährdet und zerstört das, was die Pityusen einmalig in Europa macht: die Vielfalt ihrer Natur auf engstem Raum.
– Diese Natur ist (noch) besonders attraktiv – vor allem für die Art von Touristen, auf die Ibizas Wirtschaft auch in Zukunft angewiesen sein wird.

Die Bienen-Ragwurz ist auf Ibiza durch Baumaßnahmen und Landwirtschaft, aber auch durch "Pflanzenfreunde", die sie umpflanzen wollen, gefährdet.

7. DIE SCHÖNSTEN WANDERUNGEN

Es ist fast unglaublich, welche Fülle von unterschiedlichen Naturerlebnissen eine so kleine Insel wie Ibiza ermöglicht. Theoretisch kann man – mit Hilfe der Hinweise in diesem Buch – an einem Tag ohne besondere Anstrengungen
– eine Vielzahl seltener und interessanter Vögel beobachten
– üppig blühendes Kulturland, einsame Wälder, wunderschöne Badestrände und wilde Felslandschaften erleben
– mehrere reizvolle Orchideenarten entdecken
– und sich von exotischen bunten Fischen und grandiosen Unterwasserlandschaften faszinieren lassen.

Trotzdem braucht man Jahre, um die Schönheiten unserer Inseln kennenzulernen – und es gibt immer wieder Überraschungen. Die meisten Wandervorschläge lassen sich – von jedem Punkt der Insel aus – als bequeme Nachmittagsausflüge durchführen.

Wir sind bei der Auswahl unserer Vorschläge davon ausgegangen, daß es den Lesern nicht darum geht, in einer bestimmten Zeit eine bestimmte Zahl von Kilometern und Sehenswürdigkeiten „abzuhaken". Vielmehr wollen wir sehr unterschiedliche, aber stets recht ursprüngliche und eindrucksvolle und auch in bezug auf Tier- und Pflanzenwelt interessante Gegenden erschließen. Auch ohne „Wanderführer" kann man einen Feldweg wählen und einfach drauflosgehen. Mit ein wenig Glück werden daraus unter Umständen wunderschöne Wanderungen. Aber oft stößt man dann z.B. auf eine Finca mit einem bellenden Hund oder auf eine neu erbaute Ferienhaussiedlung: Ende der Wanderung. Wir zeigen Wege, auf denen Sie ungehindert in die Gebiete gelangen können, die man durch Zufall (ohne Hilfe) nur selten erreicht, und die einerseits besonders intensive Natur- und Landschaftserlebnisse ermöglichen, andererseits auch die Vielfalt der Natur und Landschaft der Pityusen repräsentieren.

Einige Wandervorschläge haben uns Überwindung gekostet: wir verraten „Geheimtips" – wir führen in Gebiete, die wir bisher „nur für uns" hatten. Den Ausschlag hat dann jedoch die folgende Überlegung gegeben: abgesehen davon, daß es nicht sehr sozial ist, Natur anderen vorzuenthalten, geht die entscheidende Gefährdung schützenswerter Gebiete auf Ibizaza nicht von einigen wandernden Naturfreunden aus, sondern davon, daß solche Gebiete gedankenlos in Ferienhaussiedlungen,

Beginnen Sie einmal eine Wanderung bei Sonnenaufgang!

Industrieanlagen, eingezäunte Pflanzungen, Mülldeponien oder Supermärkte umgewandelt werden. Eine durch diese Veröffentlichung bekanntgewordene „Touristenattraktion" wird jedoch evtl. weniger leichtfertig zerstört.

Noch einige allgemeine Hinweise zum Wandern auf Ibiza: Es gibt so gut wie keine markierten Wanderwege, und die von uns ausgewählten Gebiete sind oft entweder weglos oder durchzogen von einem Netz uralter Jäger-, Hirten- oder Schmugglerpfade, die alle lohnend sind. In diesen Gebieten geraten Sie häufig in rauhes, steiniges Gelände, und auch die detaillierteste Beschreibung würde nicht verhindern können, daß Sie sich verlaufen oder die schönsten Wege verpassen. Deshalb unsere Tips für Ihre Ausrüstung: 1. Sie sollten leichte Bergstiefel, mindestens aber stabile Turnschuhe anziehen. 2. Sie sollten einen Kompaß und zusätzliches Kartenmaterial mitnehmen (am geeignetsten sind die 1986 herausgegebenen Karten der Serie „Mapa Topográfica Nacional" im Maßstab 1 : 25.000 – zu beziehen beim „Internationalen Landkartenhaus"

Stuttgart über den Reisebuchfachhandel). Im heißen Sommer empfehlen sich die küstennahen Wege *(Wanderung 1, 2, 9, 10, 15, 17)*, und die Mittagszeit sollten Sie grundsätzlich für eine Pause einplanen: dann ist es heiß, das Licht ist grell, die Vögel haben sich zurückgezogen. Am angenehmsten, am schönsten und für die Vogelbeobachtung am erfolgversprechendsten sind die Stunden nach Sonnenaufgang und vor Sonnenuntergang.

Die Ausgangs- und Endpunkte der Wanderungen und den Verlauf können Sie der Übersichtskarte am Schluß des Buches entnehmen (die Wanderrouten sind dort eingezeichnet und numeriert: Nr. 1 bis 15 Ibiza, Nr. 16 – 18 Formentera). Wir möchten nicht alle Überraschungen vorweg nehmen und auch nicht für den Leser entscheiden, wie lange er wo zu wandern hat. In der Übersichtskarte haben wir nur die schönsten und interessantesten Streckenabschnitte markiert.

Ob Sie jeweils die ganze Wanderung (manche sind sehr lang) machen wollen, einen „Rundweg" vollenden, noch weitere Gebiete erkunden oder nur ein Teilstück hin- und zurückgehen möchten, bleibt Ihnen überlassen. Ebenso wäre es unsinnig, wenn wir Ihnen beschreiben, wie Sie von Ihrer Unterkunft zum Ausgangspunkt der Wanderung und zurück gelangen. Für die Anfahrt sind natürlich Taxi oder Mietwagen am bequemsten. Aber in vielen Fällen werden die Ausgangspunkte der Wanderungen auch von Bussen angefahren. Das ist billiger und umweltschonender. Die nächsten Bushaltestellen geben wir soweit wie möglich an. Die jeweils aktuellen (saisonabhängigen) Fahrpläne erfahren Sie in den Reisebüros der Urlauberzentren.

Was es wo auf unseren Inseln zu entdecken gibt, wurde in den vorangegangenen Kapiteln des Buchs schon genannt, und wir haben auf die entsprechenden Wanderungen verwiesen. Hier reichen einige knappe Informationen und Rückverweise für die jeweiligen Seiten im Buch aus. Bitte beachten Sie auch die Hinweise zum Vogel- und Pflanzenschutz auf den Seiten 20, 51 und 70.

Idylle im Abendlicht: Schafe zwischen Feigen-, Mandel- und Johannisbrotbäumen (Wanderung 13)

Bei Sonnenuntergang sind die Salinen besonders schön (Wanderung 2)

Oberhalb der Cova santa (Wanderung 3)

Wanderung 1: Entlang der schönsten Sandstrände Ibizas
Ausgangspunkt: Parkplatz Playa Salinas (Bus von Ibiza-Stadt hält gegenüber). Man kann wahlweise am Strand oder durch Wald, Dünen und Heide parallel zum Strand bis zum Piratenturm am Kap wandern. Wenn Sie danach hinter den Dünen von Es Cavallet am Salinenbecken entlang gehen, können Sie Vögel beobachten. Erweiterung: von Es Cavallet über einen bewaldeten Hügel mit interessanter Flora (z.T. in weglosem Gelände) bis zur Playa d'en Bossa – von dort mit dem Bus nach Ibiza-Stadt. (Siehe S.7, 10, 16, 22, 26, 44, 51, 55 und 73, Foto S.10, 17, 26, 27, 55, 56 und 57)

Wanderung 2: Durchs Naturschutzgebiet der Salinen
Von der Hauptstraße folgt man dem Wegweiser „Restaurante Cap Falco". Auf dieser Wanderung gibt es die besten Möglichkeiten Ibizas zur Vogelbeobachtung – aber bitte keinesfalls die Stege im Salinenbecken betreten (Brutplätze)! Erweiterung: vom Restaurant Cap Falco nach links in die Berge (mit reizvoller Küstenvegetation, steilen Felsen und weitem Blick übers Meer). Nächste Bushaltestelle: vgl. Wanderung 1. (Siehe S.7, 17, 22, 25, 45, 46, 51 und 73, Foto S.17, 22, 23 und 74)

Wanderung 3: Über der Tropfsteinhöhle Cova Santa
Folgen Sie von der Hauptstraße dem Wegweiser „Cova Santa" (Bus von Ibiza nach San José). Sie können die Wanderung mit einer Besichtigung der Tropfsteinhöhle verbinden. Die Wanderung geht querfeldein, den orchideenreichen Hang rechts neben der Höhle hoch in den Wald. Von der Bergkuppe haben Sie eine schöne Aussicht über weite Wälder zum Meer. (Siehe S.28, Foto S.74)

Wanderung 4: Auf den Bergwiesen vor der Isla Vedra
Sie verlassen die Straße San José – Es Cubells kurz nach Kilometerstein 5 und folgen dem Wegweiser Cala d'Hort. Die eindrucksvolle Strecke verläuft in der Nähe des Piratenturms am Cap l'Oliva. Vor Ihnen ragt der u.a. als Ufolandeplatz beschriebene Felsen der Isla Vedra 382 m senkrecht aus dem Meer. Erweiterung: Erkunden Sie das urwüchsige Kap Llentrisca. Von Cala d'Hort können Sie bis zur Straße Cala Vadella – San José gehen (Bushaltestelle in San José). (Siehe S.4, 10, 22 und 25, Foto S.29 und 74)

Wanderung 5: Auf den höchsten Berg der Insel
Diese Wanderung ist eine Ausnahme: Vom Ortszentrum San Josés (gegenüber der Kirche) aus ist der recht verwilderte Wanderweg auf den Atalaya de San José (475 m) ausreichend gekennzeichnet. Vom Gipfelgrat aus können Sie an klaren Tagen das spanische Festland sehen. Lohnend ist auch der etwas weitere Rückweg über die ungeteerte holprige Fahrstraße, die vom Sender auf der Bergkuppe bis zur Straße Cala Vadella – San José führt. (Siehe S.4, 20, 28 und 46, Foto S.20 und 75)

Wanderung 6: In einem alten Flußtal – Port des Torrent
Ausgangspunkt: Die zugebaute kleine Sandbucht Port des Torrent. Es geht von dort durch ein Wäldchen landeinwärts – durch eine große Röhre unter der Straße durch und zum Teil über Terrassen soweit Sie mögen. Auch die umliegende, trockene Garigue ist reizvoll. Leider stößt man oft auf Müll, aber es gibt – vor allem botanisch – viel zu entdecken. (Siehe S.16, 20, 26 und 28, Foto S.20)

Wanderung 7: Zur wilden Felsküste hinter Sta. Inés
Vom Dorfplatz von Sta. Inés (Bushaltestelle) führt ein Fahrweg nach Westen. Wenn der Weg nach links abbiegt, gehen Sie geradeaus hoch, dicht an einer ausgebauten Finca vorbei und einen steinigen Weg hoch durch ein Wäldchen, bis Sie an eine Natursteinmauer kommen. An dieser gehen Sie rechts entlang und folgen dem Weg immer geradeaus Richtung Nordwesten. Plötzlich stehen Sie vor einer gewaltigen Schlucht, die zum Meer herunterführt (unser Titelbild). Von der Schlucht aus geht es zurück, dann nach Westen und wieder an die Steilküste mit grandioser Aussicht auf die Insel Ses Margalides. Von dort aus können Sie – teils durch urwüchsiges Kulturland, teils an der Steilküste – zum Cabo Negret, zu den geheimnisvollen Höhlen Ses Fontanelles, zum Puig Nonó und schließlich zur Cala Salada wandern. Jetzt ist es nicht mehr weit bis San Antonio. (Siehe S.6, 16, 19, 20, 22 und 25, Foto S.5, 16, 19, 24 und 25)

Wanderung 8: „Sixtinische Kapelle der Botaniker" – Cala Aubarca
Von San Mateo geht es zunächst auf Feldwegen durch die fruchtbare

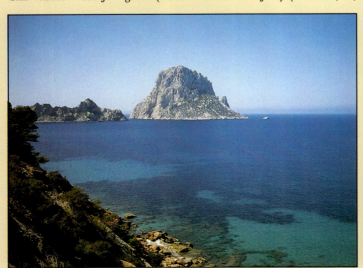
Immer wieder anders:

Die geheimnisvolle Isla Vedra (Wanderung 4)

Bergwiesen auf halbem Weg zum Atalaya de San José (Wanderung 5)

Hochebene, dann durch bergiges Gelände nach Norden. Die weite, einsame, botanisch und landschaftlich umso reizvollere Cala Aubarca besteht fast nur aus teilweise überhängender Steilküste, deren Kanten überwachsen sind. Also Vorsicht, wenn Sie sich der Kante nähern – sonst könnte dies das Ende dieser und auch aller anderen Wanderungen für Sie bedeuten. (Siehe S.6, 19, 22, 25 und 32, Foto S.21 und 25)

Wanderung 9: Zur zerklüfteten Steilküste im äußersten Norden der Insel
Ausgangspunkt ist das Zentrum von Portinatx (Bushaltestelle). Sie kommen auf dieser Wanderung manchmal durch Touristengebiete, aber erleben auch grandiose Ausblicke und bizarre Felsformationen zwischen Wäldern und verkarsteten Hochflächen. Westlicher Zielpunkt ist eine kleine Felsbucht mit Tropfsteinfelsen hinter der touristisch erschlossenen, schönen Bucht Cala Xarraca (Bushaltestelle), östlicher Zielpunkt der Leuchtturm am Punta des Moscarter, dem nördlichsten Punkt der Insel. Nach Westen: über die Buchten von Portinatx, an Hotels vorbei zum (besteigbaren) Piratenturm (Torre de Portinatx) auf der Halbinsel westlich von Portinatx, dann – vor allem auf Küstenpfaden an der Steilküste, aber auch mal querfeldein, mal auf Feldwegen und Waldwegen – über Cala Xucla zum westlichen Zielpunkt. Um zum östlichen Zielpunkt (dem Leuchtturm) zu kommen, folgen Sie der Hauptstraße von Portinatx bis zu ihrem Nordende, dann dem Pfad nach rechts. Der Weg macht einen Bogen, der durch einen Wald und dann auf und ab durchs Gelände an die Steilküste und auf den Leuchtturm führt. (Siehe S.10, 22, 25 und 73)

Wanderung 10: Entlang der unberührten Steilküste nördlich von Cala San Vicente
Im Ort Cala San Vicente (Bushaltestelle) gehen Sie nicht zum Strand, sondern links hinter den Hotels bis zu einer Asphaltstraße, die zu einem neuen großen Hotel am steilen Nordhang des Kaps Punta Grossa führt. Auf halber Höhe zum Hotel verlassen Sie die Straße nach links – die Böschung hoch. Nach einigen Metern gelangen Sie auf einen Pfad, der zunächst parallel zur Asphaltstraße verläuft, dann nach links zur Steilküste Richtung Norden abbiegt. Dort genießen Sie – auf mehreren parallelen Jägerpfaden – die Einsamkeit, die Aussicht und reizvolle Natur solange Sie wollen. Sie gelangen schließlich zur versteckten, hübschen Bucht Cala Jonc. Von dort können Sie sich noch weiter Richtung Nordwesten wagen. (Siehe S.22, 25 und 73, Foto S.15 und 25)

Wanderung 11: Ins Tal der Serra Grossa, in dem die Zeit stehenblieb
Ca. 2 km östlich von San Juan (Bushaltestelle) zweigen vom höchsten Abschnitt der Straße zwei holprige Fahrwege rechts hoch in den Wald ab – Richtung Süden. Beide Wege lohnen sich für endlose Wanderungen durch einsame Wälder, in interessanten Bergbachschluchten und auf hohen Bergrücken am Rande eines weiten, fruchtbaren Tals mit wenigen uralten Fincas. Lassen Sie sich überraschen. (Siehe S.19, 22 und 28, Foto S.11 und 27)

Wanderung 12: Durch altes Bauernland zur Sierra de la Mala Costa
Von der Straße nach San Juan – 1 km hinter der scharfen Rechts/Linkskurve (an der sich ein Restaurant befindet) und 500 m hinter Kilometerstein 10 – zweigt rechts ein 1990 asphaltierter Weg ab. Er führt durch idyllisches Bauernland mit reicher Kulturland-Vegetation nach Osten. Wenn der Asphalt bei einer Finca aufhört, folgen Sie dem Weg links hoch in den Wald. An der rechten Seite sehen Sie ein wildes, altes Bergbachtal mit reizvoller Flora. Sie können auch den romantischen Weg links durch den Wald weitergehen. (Siehe S.19, 22, 28 und 32, Foto S.21 und 75)

Wanderung 13: Auf den Atalaya de San Lorenzo – der Berg im Zentrum Ibizas
Wenn Sie an der Hauptstraße Ibiza – San Juan ein großes, altes Windrad sehen, müssen Sie nach Westen in eine löchrige, schmale unbeschilderte Asphaltstraße einbiegen. Es wird schnell einsamer. Sie können der Straße durch Brach- und Kulturland, dann Garigue und große, stille Wälder bis zum Gipfel (mit einer Funkstation) folgen. Von dort haben Sie einen beeindruckenden Blick auf Ibiza, Sta. Eulalia und San Antonio. Wenn Sie am Berghang nach rechts in einen der Feldwege abbiegen, können Sie das urwüchsige Gebiet nördlich des Atalaya erleben – ein

Milchstern: So üppig blüht er nur am Atalaya (Wanderung 5)

Am Hang der Sierra de la Mala Costa blüht im April der Ginster *Calicotome spinosa* (Wanderung 12)

Mandelbäume auf Blumenwiesen im Inselinnern (Wanderung 13)

Blick vom Atalaya de San Lorenzo (Wanderung 13)

Schafe zwischen Lavendel - auf dem Weg zum Rio Sta. Eulalia (Wanderung 14)

Gemisch von bewaldeten Hügeln mit seltenen Wildblumen und -büschen und altem Kulturland. (Siehe S.20, 22, 28 und 32, Foto S.73, 75 und 76)

Wanderung 14: Durch Wald und Wiesen zum Tal des Rio Sta. Eulalia

An der Hauptstraße von Ibiza nach Sta. Eulalia – ca. 2 km nach dem Abzweig nach San Miguel – sehen Sie links einige Häuser: eine Tienda (kleines Geschäft) und eine Tischlerei (dort hält der Bus nach Ibiza bzw. Sta. Eulalia). Ca. 50 m südlich der Häusergruppe führt ein steiniger, sandiger Weg nach Nordwesten. Folgen Sie diesem Weg: durch Brachland und Wiesen voller wilden Lavendels, über einen bewaldeten Hügel (dahinter kreuzen Sie die Straße nach San Rafael), durch einen verwilderten Orangenhain, durch Wiesen und Kulturland bis zum ausgetrockneten, üppig mit Oleander, Clematis, Rosen etc. bewachsenen Tal des Rio Sta. Eulalia. Der geruhsame Weg bietet viel unterschiedliche Vegetation und nicht wenige Orchideen (besonders *Ophrys bertoloniiformis*). (Siehe S.20, 22, 28, 32 und 44, Foto S.12, 20, 27, 28 und 76)

Wanderung 15: Am Fuß der Berge zu verschwiegenen kleinen Buchten im Osten – Sòl d'en Serrà und Cala Olivera

Sie können an der hübschen, aber verbauten Bucht Cala Llonga starten (Bushaltestelle). Von dort führt ein Weg in südlicher, dann in südwestlicher Richtung zunächst zur Bucht Sòl d'en Serrà mit einem kleinen Restaurant, dann – über den Golfplatz Roca Llisa – hinab zur idyllischen kleinen Bucht Cala Olivera (gut zum Schnorcheln). Westlich und oberhalb des Hauptwegs vom Golfplatz zur Bucht gibt es einen schmalen (sowohl im Frühjahr als auch im Herbst botanisch sehr interessanten) Pfad, der – parallel zum Hauptweg – an einer alten Finca-Ruine endet. Auch von dort können Sie zur Bucht heruntergehen. (Siehe S.4, 7, 19, 25, 46, 56 und 73, Foto S.76)

Wanderung 16: Formentera – Orchideenweg zur Cala Saona

Von San Francisco führt die Hauptstraße nach Südwesten – nach 2 km zweigt die ausgeschilderte Straße zur Cala Saona rechts ab. Besonders reizvoll ist der Weg links von dieser Straße durch die Garigue. Von der Cala Saona können Sie weiter nach Westen über eine verkarstete Küstenebene zum einsamen Kap Punta Rasa gehen (schöner Blick auf Ibiza und die Isla Vedra), aber auch nach Nordosten auf einsamen Wegen über Portosaler zurück nach San Francisco. Auf diesem Weg erleben Sie Bauernland wie vor Jahrhunderten. Rechts an der Straße von San Francisco zur Cala Saona steht der älteste und größte Feigenbaum der Pityusen (mit 70 m Umfang). Unser Wandervorschlag verdient den Namen, den wir ihm gegeben haben, besonders im zeitigen Frühjahr. (Siehe S.22, 25, 46 und 56, Foto S.30 und 57)

Wanderung 17: Formentera – Zur Vogelbeobachtung in die Salinen und an den Estany Pudent – und zu unglaublichen Stränden

Ausgangspunkt können die Orte La Sabina (Bushaltestelle) oder Playa des Pujols sein: die Wanderung führt zu den bei Vögeln beliebtesten Rastplätzen Formenteras (bitte Fernglas mitnehmen und nicht versuchen, sich den Vögeln zu nähern – vergl. S.51). An der Nordspitze der Salinen können Sie die alte Salzmühle Es Moli de Sal besuchen. Nördlich davon geht es an die schönsten Strände der Pityusen. An der Ostküste des Estany Pudent ragt eine Halbinsel in den See (nordwestlich von Es Pujols, bei Kilometer 3 links ab). Dort können Sie das ca. 4000 Jahre alte Megalith-Grab Ca Na Costa besuchen. (Siehe S.7, 16, 22, 26, 45, 51 und 73)

Wanderung 18: Formentera – Über den alten Römerweg auf die höchste Erhebung der Insel

Kurz hinter Es Caló, beim Hostal Entre Pinos, biegen Sie nach Osten in den vor über 1000 Jahren gepflasterten, teilweise überwachsenen, romantischen Camino Romano ab. Je höher Sie kommen, desto schöner wird der Blick über die Bucht. Sie kreuzen wieder die Hauptstraße und gehen dann im Bogen auf Feldwegen immer bergauf (bis auf 202 m), dann wieder zurück. 2 km nordwestlich von Es Caló (bei Kilometerstein 10) können Sie die Grundmauern eines römischen Kastells bewundern. (Siehe S.7, 22 und 25, Foto S.76)

Die Bucht Cala Olivera (Wanderung 15)

Der Alte Römerweg Formenteras von oben (Wanderung 18)

Vorschläge für weiterführende Literatur

Pflanzen:

Bayer/Buttler/Finkenzeller/Grau „Pflanzen des Mittelmeerraums", München 1987

Beckett, Elspeth „Wild Flowers of Majorca, Minorca and Ibiza", Rotterdam 1988

Bonner, Antoni „Plantes de les Balears", Palma de Mallorca 1976

Buttler, Karl Peter „Orchideen", München 1986

Schönfelder, Ingrid und Peter „Die Kosmos-Mittelmeerflora", Stuttgart 1984

Straka/Haeupler/Llorens García/Orell „Führer zur Flora von Mallorca", Stuttgart 1987

Tiere, Naturgeschichte, Landschaften und Kultur:

Alarco von Perfall, Claudio „Cultura y Personalidad en Ibiza", Madrid 1981

„Avifauna d'Eivissa", Ibiza 1981

Bannerman, David A. und W. Mary „The Birds of the Balearics", London 1983

Haeupler, Henning (Hrsg.) „Erste und zweite Exkursion nach Mallorca", Ruhr-Universität Bochum, 1987 und 1989

Kardorff/Sittl „Richtig Reisen – Ibiza/Formentera", Köln 1988

Kuhbier/Alcover/Guerau d'Arellano Tur (Hrsg.) „Biogeography and Ecology of the Pityusic Islands", Den Haag 1984

Losse, Hans „Landschaften auf Ibiza und Formentera – Ein Auto- und Wanderführer", London 1989

Makatsch, Wolfgang „Wir bestimmen die Vögel Europas", Leipzig 1989

Manthey, Dirk (Hrsg.) „Ibiza", Hamburg 1984, Neuauflage 1988

Peterson/Mountfort/Hollom „Die Vögel Europas", Hamburg und Berlin 1985

Santiago Costa Juan „L'Estany Pudent, un Món d'Ocells", Ibiza 1986

Register der Tier- und Pflanzennamen

In den meisten Fällen nennen wir die gebräuchlichen deutschen und lateinischen Namen. Nur bei den Orchideen und bei einigen besonders seltenen Pflanzen verwenden wir die vollständigen wissenschaftlichen Namen: lateinische Namen, ergänzt um die Namen der Botaniker, die die Pflanzen entdeckt bzw. zuerst beschrieben haben. Bei den Orchideen übernehmen wir weitgehend die in Buttler, Karl Peter „Orchideen", München 1986, verwendeten Namen. Die kursiv gedruckten Seitenzahlen verweisen auf Abbildungen.

Acanthis cannabina 51
Aceras anthropophorum (L.) AITON fil. 38, 68, 59, 69
Acherontia atropos 54
Acrocephalus arundinaceus 51
Acrocephalus schoenobaenus 51
Acrocephalus scirpaceus 51
Actitis hypoleucos 49
Adlerrochen 56
Admiral 54
Adonis annua 40
Agave 8
Agave americana 8
Alauda arvensis 50
Alca torda 50
Alcedo atthis 34, 50
Alectoris rufa 47, 49
Aleppo-Kiefer 27, 28
Allium ampeloprasum 41, 32
Allium eivissanum MICELI et GARBARI 18, 19, 46
Allium grosii FONT QUER 18, 25
Allium neapolitanum 20
Allium roseum 41, 32
Alpensegler 50
Alpenstrandläufer 49
Amsel 51
Anacamptis pyramidalis (L.) L.C.M. RICHARD 30, 69, 38
Anagallis arvensis 40
Anas acuta 49
Anas clypeata 49
Anas crecca 49
Anas platyrhynchos 49
Anas querquedula 49
Anchusa azurea 39, 32
Anemonia viridis 56, 55
Anser anser 49
Anthias anthias 56
Anthus campestris 50
Anthus pratensis 50
Anthus spinoletta 50
Anthus trivialis 50
Apodemus sylvaticus 48
Apus apus 50
Apus melba 50
Apus pallidus 50
Arbutus unedo 45, 54
Ardea cinerea 35, 45, 49
Ardea purpurea 35, 49

Arenaria interpres 49
Argiope bruennichi 54
Arisarum vulgare 46
Artischocke 43
Arum italicum 40, 32
Asio flammeus 50
Asphodelus aestivus 41, 29
Asphodelus fistulosus 41
Asteriscus aquaticus 26, 42
Asteriscus maritimus 42, 26, 42
Ausdauernder Strandstern 42, 26, 42
Austernfischer 49
Aythya ferina 49
Bachstelze 50
Balearen-Alpenveilchen 19, 21, 27, 38
Balearen-Hufeisenklee 16, 24, 23, 34
Balearen-Johanniskraut 18, 19, 23, 44
Barakuda 56
Bärenkrebs 56
Barlia robertiana (LOISEL.) W. GREUTER 4, 60, 35, 61
Baßtölpel 49
Baumpieper 50
Bekassine 49
Belone belone gracilis 57
Bergminze 46, 38
Bertolonis Ragwurz 66, 38, 76
Bienenfresser 42, 50
Bienenragwurz 6, 67, 71, 28, 38, 66
Blackstonia perfoliata 38, 27, 38
Bläßhuhn 49
Blaumerle 51
Blauracke 50
Bluthänfling 51
Borago officinalis 39, 32
Boretsch 39, 32
Bougainville 44, 54
Bougainvillea glabra 44, 54
Brachpieper 50
Brandgans 49
Brandseeschwalbe 49
Braune Ragwurz 62, 63, 34, 38, 66
Brennende Waldrebe 44, 76
Brombeerzipfelfalter 54

Bruchwasserläufer 49
Buchfink 51
Bufo viridis ssp. balearicus 53
Bukett-Narzisse 34, 35
Burhinus oedicnemus 49
Calandrella cinerea 50
Calicotome spinosa 75
Calidris alpina 49
Calidris canutus 49
Calidris ferruginea 49
Calidris minuta 49
Callophrys rubi 54
Calonectris diomedea 49
Calystegia soldanella 42, 26, 42
Campsoscolia ciliata 62, 66
Capparis ovata 43
Caprimulgus europaeus 42, 50
Carduelis carduelis 51, 32
Carduncellus dianius WEBB. 18, 19, 25
Cardus burgeanus ssp. ibicensis 18, 19
Caretta caretta 52, 56
Celastrina argiolus 54
Centaurea collina 20, 44
Centaurium angustifolium 20
Centaurium bianorii 20
Centaurium maritimum 20
Ceratonia siliqua 9, 8, 27, 28, 45
Cettia cetti 51
Chaenorhinum origanifolium (L.) ssp. crassifolium 17, 23, 44
Chaenorhinum rubrifolium ssp. formenterae 17, 26, 42
Chamaerops humilis 8
Charadrius alexandrinus 49
Charadrius dubius 49
Charadrius hiaticula 49
Charaxes jarus 45, 53
Chlidonias niger 49
Chloris chloris 51
Chromis chromis 56
Chrysanthemum coronarium 33, 40, 32
Circus aeruginosus 49
Circus cyaneus 49
Circus pygargus 49
Cistensänger 51
Cisticola juncidis 51

Cistus albidus 35, 29
Cistus clusii 36, 29
Cistus monspeliensis 36, 29
Cistus salvifolius 36, 29
Clematis cirrhosa 34, 27
Clematis flammula 44, 76
Clusius-Zistrose 36, 29
Coccothraustes coccothraustes 51
Columba livia 50
Columba palumbus 50
Convolvulus siculus 39
Coracias garrulus 50
Coris julis 55
Coris monspeliensis 42
Corvus corax 51
Corvus frugilegus 51
Coturnix coturnix 47, 49
Crocidura russula 48
Cuculus canorus 35, 50
Cychorium intybus 43
Cyclamen balearicum WILLK. 19, 21, 27, 38
Cynara cardunculus 43
Cynoglossum cheirifolium 40
Cytinus hypocistis 36
Cytinus ruber 36
Delichon urbica 50
Delphin 48, 56
Delphinus delphis 48, 56
Dentex dentex 56
Dipcadi serotinum 30, 37, 29
Diplotaxis ibicensis 18, 19
Distelfalter 54
Dolchwespe 62, 66
Doppelsame 18, 19
Dorngrasmücke 51
Drohnenragwurz 65, 38, 64
Drosselrohrsänger 51
Duftendes Knabenkraut 62, 38
Dünentrichternarzisse 26, 45, 42, 44
Dunkelwasserläufer 49
Dunkle Gelbe Ragwurz 63
Durchwachsenblättriger Bitterling 38, 27
Echium plantagineum 32
Echter Feigenkaktus 9, 50, 8
Echter Thymian 38
Egretta alba 49

Egretta garzetta 23, 50, 34, 45, 49
Einjähriger Strandstern 26, 42
Eisvogel 34, 50
Eleonorenfalke 43, 45, 47, 49
Eliomys quercinus ophiusae 48
Emberiza calandra 51
Emys orbicularis 52
Epinephelus guaza 56
Erdbeerbaum 45, 54
Erdbeerbaumfalter 45, 53
Erica multiflora 28, 45, 27
Erinaceus algirus 48
Erithacus rubecula 51
Erlenzeisig 51
Eryngium maritimum 26, 44
Eunicella cavolinii 56
Euphorbia margalidiana KUHBIER et LEWEJOHANN 15
Euphorbia paralias 26, 44
Europäische Sumpfschildkröte 52
Europäischer Halbfingergecko 53
Fagonia cretica 41, 42
Fahlsegler 50
Fahnenbarsch 56
Falco eleonorae 43, 45, 47, 49
Falco peregrinus 49
Falco tinnunculus 49
Färberdistel 18, 19, 25
Faulbaumbläuling 54
Feigenbaum 31, 51, 27, 28, 44, 46
Feldhase 47, 48
Feldlerche 50
Feldsperling 51
Felsenschwalbe 50
Felsentaube 50
Ferula communis 39, 32
Ficedula hypoleuca 51
Fichtenkreuzschnabel 51
Ficus carica 31, 51, 27, 28, 44, 46
Fischadler 47, 49
Fitis 51
Flabellina affinis 56
Flamingo 23, 48, 34, 35, 45, 47
Flockenblume 20, 44
Flußregenpfeifer 49
Flußseeschwalbe 49
Flußuferläufer 49
Fringilla coelebs 51
Fulica atra 49
Fulica cristata 49
Galerida theklae 50
Gallinago gallinago 49
Gallinula chloropus 49
Gartengrasmücke 51
Gartenrotschwanz 51
Gartenschläfer 48
Gauchheil 40
Gebirgstelze 50
Geißkleeartiger Hornklee 26
Gelbe Ragwurz 63, 38
Gelber Zistrosenwürger 36
Gelbschnabel-Sturmtaucher 49
Gemeine Siegwurz 32, 39, 54, 32
Gemeiner Oleander 44, 76
Gemeines Rutenkraut 39, 32
Genetta genetta isabelae 28, 48
Genista dorycnifolia FONT QUER 18
Gennaria diphylla (LINK) PARL. 7, 59, 38
Gewöhnliche Immortelle 38, 26, 38 Gezähnter Lavendel 31, 35, 29, 76 Ginster 18, 75, 36
Ginsterkatze 28, 48
Girlitz 51
Gladiole 32, 37, 39, 54, 29, 32
Gladiolus communis 32, 39, 54, 32
Gladiolus illyricus 37, 29
Goldregenpfeifer 49

Goldstriemen 57, 56
Gorgonie 56
Gottesanbeterin 54
Granatapfelbaum 9, 8
Grauammer 51
Graugans 49
Graureiher 35, 45, 49
Grauschnäpper 50
Griechische Landschildkröte 52
Großblättriger Hahnenfuß 20
Große Raubmöve 49
Großer Brachvogel 49
Grünling 51
Grünschenkel 49
Grünstendel 7, 59, 38
Gynandriris sisyrinchium 42
Haematopus ostralegus 49
Haliotis tuberculata 56
Hauhechelbläuling 54
Hausmaus 48
Hausratte 48
Hausrotschwanz 51
Haussperling 51
Heckenhausmaus 48
Helianthemum origanifolium ssp. serrae 19, 26, 42
Helichrysum rupestre 24, 25, 38
Helichrysum stoechas 38, 26, 38
Hemidactylus turcicus 53
Herbst-Adonisröschen 40
Herbst-Drehwurz 70, 27, 45
Herbstblaustern 46
Himantopus himantopus 51, 42, 49
Hippocrepis balearicum ssp. grosii 16, 24, 23, 34
Hirundo rustica 50
Hornhecht 57
Hügel-Knabenkraut 60, 35, 59, 61
Hundszunge 40
Hydrobates pelagicus 49
Hypericum balearicum 18, 19, 23, 44
Iberischer Wasserfrosch 53
Illyrische Gladiole 37, 29
Immergrüne Rose 44, 76
Immortelle 24, 25, 38
Italienische Ochsenzunge 39, 32
Italienischer Aronstab 40, 32
Italienisches Knabenkraut 4, 61, 38
Johannisbrotbaum 9, 8, 27, 28, 45
Jungfer im Grünen 32
Juniper phönicea 27, 28, 29
Jynx torquilla 50
Kammbläßhuhn 49
Kampfläufer 49
Kapernstrauch 43
Kardone 43
Katzenhai 56
Kermes-Eiche 27
Kernbeißer 51
Keuschorchis 68, 27, 38, 69
Kiebitz 49
Kiebitzregenpfeifer 49
Klatsch-Mohn 32, 33, 40
Kleinblütiger Zungenstendel 69, 38
Kleiner Feuerfalter 54
Kleinfrüchtiger Affodil 41, 29
Knäkente 49
Knutt 49
Kohlmeise 51
Kolkrabe 51
Kopfiger Thymian 8, 43, 29
Korallenmöwe 47, 49
Kormoran 34, 49
Kornweihe 49
Krähenscharbe 49
Krake 56
Kretische Fagonie 41, 42
Kretische Königskerze 39

Kretische Skabiose 19, 24, 23, 38
Krickente 49
Kronen-Wucherblume 33, 40, 32
Krummstab 46
Kuckuck 35, 50
Kurzzehenlerche 50
Lachmöwe 49
Lanius excubitor 51
Lanius senator 51
Larus argentatus 51, 49
Larus audouinii 47, 49
Larus canus 49
Larus ridibundus 49
Lassiommata megera 53
Lavandula dentata 31, 35, 29, 76
Lepus capensis 47, 48
Limodorum abortivum (L.) SWARTZ 68, 27, 38, 59, 69
Limonium ebusitanum FONT QUER 17, 23
Limosa limosa 49
Löffelente 49
Lonicera implexa 44
Lotus cytisoides 26
Loxia curvirostra 51
Luscinia megarhynchos 35, 50
Lycaena phlaeas 54
Lymnocryptes minimus 49
Lyristes plebejos 54
Macrogrossum stellatarum 54
Makrele 56
Malva silvestris 40
Mandelbaum 6, 9, 32, 8, 28, 34, 44, 46
Männerorchis 68, 38, 59, 69
Mantis religiosa 54
Marokkanische Ragwurz 63, 38
Martes foina 47, 48
Mastorchis 4, 60, 35, 61
Matthiola fruticulosa 37
Mauerfuchs 53
Mauergecko 52, 53
Mauersegler 50
Maurische Landschildkröte 52
Meerjunker 51
Meerpfau 55, 56
Meerzwiebel 8, 45, 29, 36, 37, 44
Mehlschwalbe 50
Merendera filifolia 30, 46
Merops apiaster 42, 50
Micromeria inodora 46, 38
Milchstern 20, 75
Milvus milvus 49
Misteldrossel 51
Mittagsschwertlilie 42
Monachus monachus 48
Mönchsfisch 56
Mönchsgrasmücke 51
Mönchsrobbe 48
Monticola saxatilis 51
Monticola solitarius 51
Montpellier-Zistrose 36, 29
Motacilla alba 50
Motacilla cinerae 50
Motacilla flava 50
Muraena helena 56
Muräne 56
Mus musculus 48
Mus spretus 48
Muscari comosum 39, 32
Muscari neglectum 30, 35, 29
Muscicapa striata 50
Myliobatis aquila 56
Nachtigall 35, 50
Nachtreiher 49
Nacktschnecke 56
Narbonne-Milchstern 41, 32
Narcissus elegans (HAW.) SPACH. 15, 16, 46

Narcissus serotinus 30, 46, 16, 29
Narcissus tarcetta 34, 35
Narzisse 15, 26, 30, 34, 45, 46, 16, 29, 35, 42, 44
Nashornkäfer 54
Neapolitanischer Lauch 20
Neophron percnopterus 49
Neotinea maculata (DESF.) STEARN 68, 27, 38, 69
Nerium oleander 44, 76
Nickender Sauerklee 9, 32, 34
Nigella damascena 32
Numenius arquata 49
Numenius phaeopus 49
Numidischer Blaustern 16, 46
Nycticorax nycticorax 49
Octopus vulgaris 56
Oenanthe oenanthe 50, 51
Ölbaum 8, 27, 45
Olea europea 8, 27, 45
Ophrys apifera HUDSON 6, 67, 71, 28, 38, 66
Ophrys bertoloniiformis O. & E. DANESCH 66, 38, 76
Ophrys bombyliflora LINK 65, 38, 64
Ophrys ciliata BIV. 6, 58, 66, 38, 62
Ophrys dyris MAIRE 63, 38
Ophrys fusca LINK 62, 63, 34 38, 66
Ophrys incubacea BIANCA 65, 38, 64
Ophrys lutea CAV. ssp. lutea 63, 38
Ophrys lutea ssp. melena RENZ 63
Ophrys murbeckii H. FLEISCHM. 63
Ophrys tenthredinifera WILLD. 6, 64, 65, 28, 35
Opuntia ficus-indica 9, 50, 8
Orchis collina BANKS & SOLANDER 60, 35, 59, 61
Orchis coriophora L. ssp. fragrans (POLLINI) K. RICHTER 62, 38
Orchis italica POIRET 4, 61, 38
Oreganumblättriges Sonnenröschen 19, 26, 42
Oriolus oriolus 51
Ornithogalum gussonei TEN. 20, 75
Ornithogalum narbonense 41, 32
Orobanche crenata 40
Orpheusgrasmücke 51
Oryctes nasicornis 54
Oryctolagus cuniculus 47, 48
Otus cops 50
Oxalis pes-caprae 9, 32, 34
Pachychila sublunata 54
Pancratium maritimum 26, 45, 42, 44
Pandion haliaethus 47, 49
Pankrazlilie 26, 45, 42, 44
Papaver hybridum 40
Papaver pinnatifidum MORIS 40
Papaver rhoeas 32, 33, 40
Papilio machaon 54
Pararge aegeria 53
Parus major 51
Passer domesticus 51
Passer montanus 51
Petronia petronia 51
Phalacrocorax aristotelis 49
Phalacrocorax carbo 34, 49
Philomachus pugnax 49
Phoenicopterus ruber 23, 48, 34, 35, 45, 47
Phoenicurus ochrurus 51
Phoenicurus phoenicurus 51
Phönizischer Wacholder 27, 28, 29
Phylloscopus collybita 51
Phylloscopus trochilus 51
Phylloscorpus sibilatrix 51

Pillendreher *54, 26*
Pinie *27*
Pinna spec. 56
Pinus halepensis 27, 28
Pinus pinea 27
Pirol 51
Pityuseneidechse *47, 52*
Pluvialis apricaria 49
Pluvialis squatarola 49
Podarcis pityuensis 47, 52
Podarcis pityuensis formenterae 52
Podarcis pityuensis pityuensis 47, 52 *Podarcis pityuensis tagomagensis* 52
Podarcis pityuensis vedrae 52
Podiceps nigricollis 49
Polyommatus icarus ssp. balearica 54
Polyphyllo fullo 53, 54
Provencegrasmücke 51
Prunus dulcis 6, 9, 32, 8, 28, 34,44, 46
Ptyonoprogne rupestris 50
Puffinus puffinus 49
Punica granatum 9, 8
Purpurreiher *35,* 49
Pyramidenorchis *30, 69,* 38
Quercus coccifera 27
Quercus ilex 27
Rallus aquaticus 49
Rana perezi 53
Ranunculus ficaria 20
Ranunculus macrophyllus 20
Rattus norvegicus 48
Rattus rattus 48
Raubwürger 51
Rauchschwalbe 50
Recurvirostra avosetta 49
Regenbrachvogel 49
Riesenlauch *41, 32*
Ringeltaube 50
Riparia riparia 50
Röhriger Affodil *41*
Rohrweihe 49
Romulea assumptionis 30, 37
Romulea columna 37
Rosa sempervirens 44, 76
Rosen-Lauch *41, 32*
Rosmarin *35, 27, 35, 46*
Rosmarinus officinalis 35, *27, 35,46*
Rote Spargelbohne *39*
Rothuhn *47,* 49
Rotkehlchen 51
Rotkopfwürger 51
Rötliche Fetthenne *37*
Rötling 56
Rotmilan 49
Rotschenkel 49
Rotweißer Zistrosenwürger *36*
Rubus ulmifolium 44
Saatkrähe 51
Säbelschnäbler 49
Sabina 27, 28
Salbeiblättrige Zistrose *36, 29*
Samtkopfgrasmücke *50,* 51

Sandregenpfeifer 49
Sardengrasmücke 51
Sarpa salpa 57, 56
Saxicola rubetra 51
Saxicola torquata 51
Scabiosa cretica 19, 24, 23, 38
Scarabaeus sacer 54, 26
Schafstelze 50
Scharbockskraut *20*
Schilfrohrsänger 51
Schirmpinie *27*
Schleiereule 50
Schmalblättrige Merendera *30, 46*
Schmutzgeier 49
Schopfige Traubenhyazinthe *39,32*
Schwalbenschwanz 54
Schwarze Ragwurz *65,* 38, *64*
Schwarzhalstaucher 49
Schwarzkäfer 54
Schwarzkehlchen 51
Schwarzschnabel-Sturmtaucher 49
Schweifblatt *30, 37, 29*
Sciaena umbra 56
Scilla numidica 16, 46
Scilla optusifolia 46
Scolopax rusticola 49
Scolymus hispanicus 43
Scomber scombrus 56
Scyliorhinus canicula 56
Scyllarus arctus 56
Sedum rubens 37
Seeanemone *56,* 55
Seeohr 56
Seerabe 56
Seeregenpfeifer 49
Seidenreiher *23,* 50, *34, 45, 49*
Seidensänger 51
Sepia sepia officinalis 56
Serapias parviflora PARL. 69, 38
Serinus serinus 51
Sichelstrandläufer 49
Silbermöwe *51,* 49
Silberreiher 49
Silene cambessedesii BOISSET REUT. 17, 26, 42
Silene hifacensis ROVY EX WILLK. 18, 19, 25
Singdrossel 51
Singzikade 54
Sizilianische Winde *39*
Skarabäus *54, 26*
Skua 49
Spanische Golddistel *43*
Spätblühende Narzisse *30, 46,* 16, 29
Sphyraena sphyraena 56
Spiegel-Ragwurz *6, 58, 66,* 38, *62*
Spießente 49
Spinus spinus 51
Spiranthes spiralis (L.) CHEVALL. 70, 27, 45
Spitzmaus 48
Stachelträubchen *42*
Standwolfsmilch *26, 44*
Star 51

Steckmuschel 56
Stein-Eiche *27*
Steinmarder *47, 48*
Steinrötel 51
Steinschmätzer *50,* 51
Steinsperling 51
Steinwälzer 49
Stelzenläufer *51, 42, 49*
Stercorarius skua 49
Sterna albifrons 49
Sterna hirundo 49
Sterna sandvicensis 49
Stieglitz *51, 32*
Stockente 49
Stranddistel *26, 44*
Strandflieder *17, 23*
Strandwinde *42, 26, 42*
Strauchiges Veilchen *46*
Streptopelia turtur 50
Sturmmöwe 49
Sturmschwalbe 49
Sturnus vulgaris 51
Sula bassana 49
Sumpfohreule 50
Sylvia atricapilla 51
Sylvia borin 51
Sylvia communis 51
Sylvia hortensis 51
Sylvia melanocephala 50, 51
Sylvia sarda 51
Sylvia undata 51
Tachybaptus ruficollis 49
Tadorna tadorna 49
Tafelente 49
Tarentola mauretanica 52, 53
Taubenschwänzchen 54
Tausendgüldenkraut *20*
Teichhuhn 49
Teichrohrsänger 51
Testudo graeca 52
Testudo hermanni ssp. robertmertensis 52
Tetragonolobus purpureus 39
Thalassoma pavo 55, 56
Theklalerche 50
Thunfisch 56
Thunnus thynnus 56
Thymian *8, 18, 43, 23, 29, 38*
Thymus capitatus 8, 43, 29
Thymus richardii (PERS.) ssp. ebusitans FONT QUER 18
Thymus vulgaris 38
Tintenfisch 56
Tordalk 50
Totenkopfschwärmer 54
Trauerschnäpper 51
Trauerseeschwalbe 49
Triel 49
Tringa erythropus 49
Tringa glareola 49
Tringa nebularia 49
Tringa ochropus 49
Tringa totanus 49
Troglodytes troglodytes 50
Trübe Levkoje *37*

Tümmler *48,* 56
Turdus merula 51
Turdus philomelos 51
Turdus viscivorus 51
Turmfalke 49
Tursiops truncatus 48, 56
Turteltaube 50
Tyto alba 50
Übersehene Traubenhyazinthe *30, 35, 29*
Uferschnepfe 49
Uferschwalbe 50
Ulmenblättrige Brombeere 44
Unechte Karettschildkröte *52, 56*
Upupa epops 50, *32 35*
Urginea fugax MORIS 46
Urginea maritima 8, *45, 29,36, 37,* 44
Vanellus vanellus 49
Vanessa atalanta 54
Vanessa cardui 54
Verbascum creticum 39
Vielblütige Heide *28, 45, 27*
Viola arborescens 46
Violette Fadenschnecke 56
Violetter Dingel *68, 27,* 38, *59, 69*
Wachtel *47,* 49
Waldbrettspiel 53
Waldlaubsänger 51
Waldmaus 48
Waldrebe *34,* 27
Waldschnepfe 49
Waldwasserläufer 49
Walker *53, 54*
Wanderfalke 49
Wanderigel 48
Wanderratte 48
Wasserpieper 50
Wasserralle 49
Wechselkröte 53
Wegerichblättriger Natternkopf *32*
Wegwarte *43*
Weißliche Zistrose *35, 29*
Wendehals 50
Wespenragwurz *6, 64, 65,* 28, *35*
Wespenspinne *54*
Wiedehopf *50, 32 35*
Wiesenpieper 50
Wiesenweihe 49
Wilde Malve 40
Wildkaninchen *47, 48*
Windendes Geißblatt *44*
Zackenbarsch 56
Zahnbrassen 56
Zaunkönig 50
Ziegenmelker *42,* 50
Zilpzalp 51
Zistrose *35, 36, 27, 29*
Zwergohreule 50
Zwergpalme 8
Zwergschnepfe 49
Zwergseeschwalbe 49
Zwergstrandläufer 49
Zwergtaucher 49

Bildnachweis

Die Fotos auf der Rückseite des Buches sowie auf den Seiten 11, 25 unten links, 32, 39 unten rechts, 73, 74 unten und 75 oben wurden von Petra Giffhorn gemacht, die Fotos auf Seite 12 mitte und unten von Dietrich Giffhorn, alle anderen Fotos vom Autor.

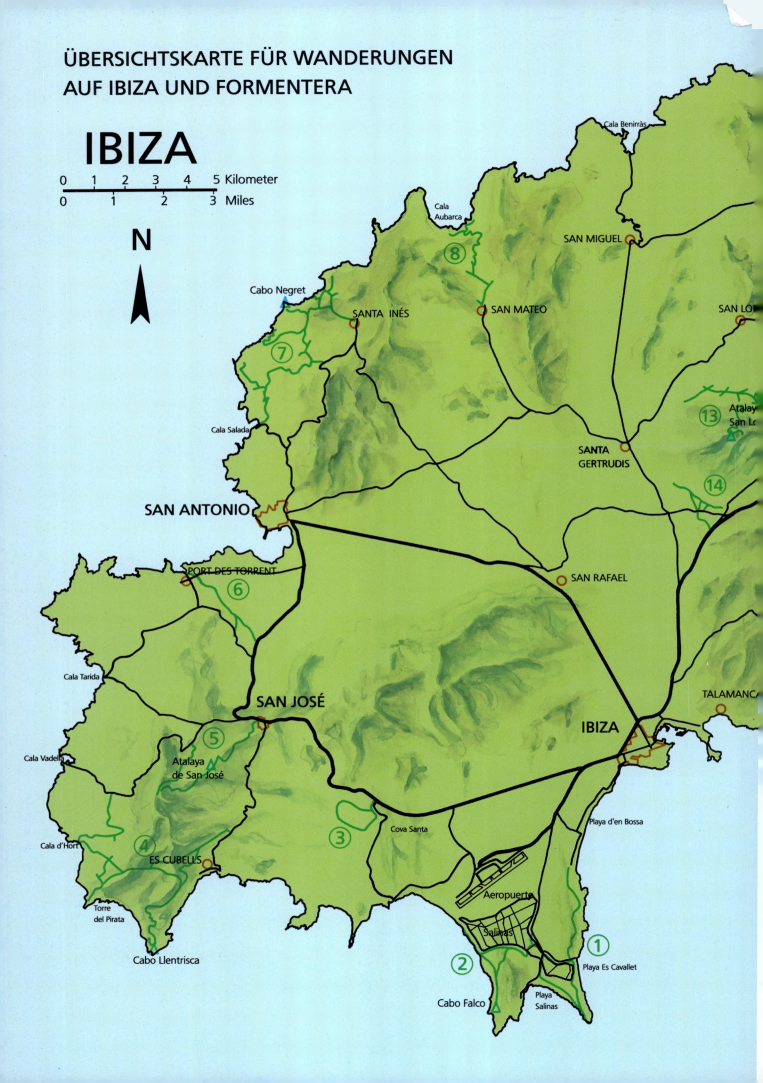